本書はヘンリ・ナウエンの *Our Greatest Gift* と *Beyond the Mirror* の合本である。

Our Greatest Gift は聖公会出版より『最大の贈り物――死と介護についての黙想』として2003年に刊行された。合本収録にあたっては訳を全面的に改めた。

Beyond the Mirror は本邦初訳である。

もくじ

『最大の贈り物』

装丁原案・桂川　潤
装丁・デザインコンビビア

最大の贈り物

Our Greatest Gift

Our Greatest Gift
A meditation on Dying and Caring
By Henri J. M. Nouwen

Published by arrangement with HarperOne,
an imprint of HarperCollins Publishers,
through Japan UNI Agency, Inc., Tokyo
Translated by Hirodo Naoe
Published by
The Board of Publications
The United Church of Christ in Japan
Tokyo, Japan

プロローグ　死と親しむ

一九九二年一二月三一日午後三時、モーリス・グールドが亡くなりました。カナダのトロント郊外リッチモンドヒルのヨーク中央病院で、アルツハイマーによる長年の闘病生活を送った末のことでした。

「モー」と呼ばれていたモーリスは、ラルシュ共同体のメンバーでした。カナダ人のジャン・バニエによって一九六四年に創立されたラルシュ共同体は、世界中に共同体のネットワークを持っています。そこでは知的障がいを持つ人々とアシスタントが一緒に暮らし、互いのために家庭を築いています。モーリスは一四年間、トロントのデイブレイク・ラルシュ共同体を自分の家族としていました。彼は喜びに満ち、優しく、家族愛にあふれた人として知られていました。彼と会ったことのある数えきれないほどの人々が、愛情をこめて彼のことを語ります。モーの病状――ダウン症――は、彼が与えられていた大きな賜物の、もうひとつの側面を示しているにすぎないように見えました。その賜物とは、愛を与え、愛を受けるという才能です。

モーの生涯最後の数日間、私はドイツのフライブルクにいました。デイブレイク共同体の勧めに従って、共同体での普段の司牧的（牧会的）働きから離れて執筆に専念することになっていたのです。モーが亡くなったことを、共同体の指導者ネイサン・ボールから電話で知らされたとき、私はすぐにトロントに帰らなければ、と思いました。モーの家族や多くの友人たちとともに、彼がこの世を去った悲しみ、彼の充実した五八年間の喜びをぜひ分かちあいたいと思ったのです。

翌日、帰りの飛行機の中で、私は生と死についていろいろと思いを巡らしました。そして、いったいどのようにすれば、死ぬことを生きることと同じくらい自分自身のものにすることができるのだろうかと思索しはじめました。

フランクフルトを発ったエア・カナダ機がドイツ、オランダ、英国、大西洋、ノバスコシアの上空を経てカナダのトロントへと向かうなか、死について考える時間はたっぷりありました。モーリスの死、私自身の死、そして毎日、世界のあらゆるところで死んでいく多くの人々について。

死とは恐ろしく不合理であり、それについて考えたり話したりしないほうがよいものなのでしょうか。死とは私たちという存在の望ましくない部分であり、あたかも現実ではないかのように振る舞ったほうがよいものなのでしょうか。死とは私たちの考えや行動の決定的な終りであり、到底、直視できないものなのでしょうか。あるいは、徐々に死と親しみ、死に心を開いて、何も恐れることはないと信じて生きることが可能なのでしょうか。両親が私たちの誕生を準備してくれたときと同じ心遣いをもって、死を準備することができないものでしょうか。私たちを家に迎え入れてくれる友として、死を待ち望むことができるのでしょうか。

八時間半のフライトのあいだ、私はモーリスのことやこれらの問いだけではなく、今、死に直面している他の友人たちや、年老いていく父のことについても考えました。ちょうど一か月前の一一月二四日、カリフォルニア州オークランドにあるカトリックの施設、ベタニアの家で、私はリックとともに時を過ごしていました。ベタニアの家は、エイズを抱えて生きている人々をケアする場として、マイケル・ハランクという人によって最近設立されました。リックはエイズを患い、自分が余命幾ばくもないことを知っています。私がベッドに座りリックの手を握ると、彼はこう言いました。「残された数か月を、どう過ごせばいいんだろう？　僕の親友はいくらでも将来の計画を立てることができる。でも、僕にはもう未来が全然ないんだ」。リックが私の手をぎゅっと握りしめると、その目から涙が流れ落ちました。

それから、私は義理の妹マリーナのことを思い出しました。彼女は大腸がんで、闘病生活を五年も続けています。三回の苦しい手術を乗り越えましたが、もはや手のほどこしようがなく、自然に死ぬのを待つばかりです。マリーナは医者や看護師、多くの友人たち、母親や夫のポール、そして私に、自分の死について包み隠さず語りました。周囲の人々は、マリーナの前では死のことをあえて口に出しませんでしたが、彼女はしのび寄る死について感じていることを、詩のかたちで表現しました。

一方、オランダにいる父は、一〇日後に九〇歳の誕生日を祝うことになっていました。父はエネルギーに満ちあふれ、当時もまだ執筆、講義を続け、さらに新しい計画を立てていました。しかし、私にはこう言うのです。「なあ、お前、わしの体はもうガタガタだ。目はこんなにかすんで、胃は食べ物をあまり受けつけないし、心臓もすっかり弱っている」。

人々は死んでいきます。私が知っているほんのわずかな人々だけでなく、あらゆるところで毎日毎時、数えきれないほどの人が死んでいきます。死は人間にとって最も普遍的な出来事で、私たちがみな通らなければならないことです。しかし、私たちはそれを難なく迎え入れることができるのでしょうか。私たちの死は、あってほしくない、避けることのできない運命以上のものなのでしょうか。死がひとつの完成の行為、しかも願わくは人間のなすどの行為よりも人間的な行為となることなど、ありえるのでしょうか。

一二月のその日、トロントのピアソン国際空港第二ターミナルに到着すると、ネイサン・

ボールが私を待っていました。車の中で、ネイサンはモーの死のことを話してくれました。家族や友人たちが最後の数時間をモーとともに過ごし、そこには悲しみと喜びがあったといいます。ひとりのすばらしい友が私たちのもとを去り、長い苦しみが穏やかな終局を迎えたのでした。「モーはみんなに愛されていた。いなくなって寂しくなるだろうな。でも、もうこの世を去るときが来ていたんだね」とネイサンは言いました。

続く数日間は、悲しみと喜びでいっぱいでした。モーは亡くなったにもかかわらず、新しい命がたちまち目に見えるものになったかのようでした。私たちは各地にいる多くの友人たちに電話をかけ、手紙を書きました。何よりも印象的だったのは、多くの人が集まって一緒に祈り、食卓を囲み、モーの話をし、写真を見ては微笑みと涙のうちに彼を思い出していたことです。私がデイブレイクで過ごした日々の中で、モーの死後の日々ほど親密さが増し、みながひとつになり、奇しくも神の存在が感じられた日々はありません。自分のもろさと弱さを通して、モーは生きているあいだも死を迎えたのちも、私たちが共同体を作りあげるのを手伝ってくれました。聖堂に集まり、葬儀場を訪れ、リッチモンドヒルの聖公会の教会で感謝のうちに歌をうたい、語りあい、キングシティーの墓地の墓まで棺を担いでいくあいだ、私たちはみな心の奥深くで感じずにはいられませんでした。命は死へと通じているけれど、死は新しい命へと通じているのだ、と。優しさと思いやりの霊が私たちの会話を包み、会話の中に染みわたり、赦しと癒やしの霊が私たち一人ひとりに触れ、そして何よりも一致と交わりの霊が私たちを新たに結びつけました。この霊を、もう死んでしまったけれども今まで以上に生きているモーからの贈り物として、私たちは感謝をもって受け取ったのでした。

父の誕生日を祝い、フライブルクで執筆を続けるためにヨーロッパに戻る前の晩、私はデイブレイクの古くからのメンバーであり友であるネイサン、そしてスー・モステラーという女性と一緒に食事をしました。食事中にネイサンはさり気なく私にたずねました。「きみはどこでどのように死にたいと思う?」それは、私たちもモーのようにやがて死ぬのだという新しい認識から出た質問でした。この認識から、私たちは自問自答せずにはいられなくなったのです。私たちは死の準備をしているでしょうか。あるいは、忙しさに紛れて死を無視してしまっているでしょうか。私たちは他者が死の準備をするのを互いに助けあっているでしょうか。あるいは、いつまでもこのままでいられると錯覚してしまっているでしょうか。私たちの死は友人たちにとって、新しい命、新しい希望、新しい信仰をもたらすものとなるでしょうか。あるいは、悲しみのもとにしかならないのでしょうか。最も重要な問題は、残された数年間に何ができるのかということではありません。そうではなく、死ぬことによって、愛する人々や愛してくれている人々に神の霊を送る新しい役目を担うために、私たちはどのような死の準備をすればよいのかということです。

「どこでどのように死にたいか」というネイサンの質問によって、私はひとつの大きな課題に直面させられました――よく生きるだけではなく、よく死ぬにはどうすればよいのか。

翌日、空港まで車で送ってもらう途中、私はネイサンから、モーの葬儀のために戻ってきてくれてありがとう、と礼を言われました。また、ネイサンは、お父さんのよい誕生祝いができるように、フライブルクで一か月、創造的な執筆ができるようにと祈ってくれました。アムステルダムへと向かう飛行機の中で、私はこれから何を書けばよいのか、以前よりわかってきたことに気づきました。私の死を、私の深く愛するこの世界への最高の贈り物とすることができるように、死と親しむことについて書きたいと思ったのです。

オランダで父の誕生祝いをしたあと、長時間の列車の旅でドイツを南下し、私は今フライブルクに戻ってきました。小さな住まいでの平穏なひとり暮らし――死と親しむために、これほどふさわしい環境がほかにあるでしょうか。

はじめに——無力さの中に秘められている恵み

私にとってこれまで、執筆のための静かな場所を見つけることが容易であったためしはありません。修道院に行ったり黙想センターを訪ねたり、さらにはドアをしっかり閉ざして家の中にこもろうとしたことさえあります。しかしどこに孤独を求めても、自分の周りの日常の出来事に巻き込まれてしまいます。私自身の落ち着きのなさ、仲間を求める心、そして人から拒絶され見捨てられることに対する恐れのせいで、孤独を見つけるやいなや、そこからすぐに逃避してしまうのです。孤独に対する私の抵抗は、孤独への欲求と同じほど強いことがわかりました。人と話をしたり、講義や説教をしたり、典礼の司式をしたり、祝い事に参加したり、図書館でぶらついたりする理由を、何度も何度も見つけました。言い換えれば、私はひとりでいることを避けるための口実を、いつも見つけていたのです。

とはいえ、いつかは自分の恐れを乗り越える勇気を絞り出さなければならないこともわかっています。孤独の中でこそ、書くべき言葉を与えてくれる真の師が見つかると信じるべきなのです。

今、私はそのチャンスに恵まれました。フライブルクにいる私の友人フランツとレニー・ヨーナ夫妻が、シューベルト通りにある三階建ての家の三階部分を提供してくれたのです。一階は自分たちの住居、二階は年配のカップルに貸し、三階は息子ロベルトと娘イレーネのために普段は空けてありました。しかし、ロベルトは内科医として働くためにアメリカに転居し、イレーネも勤め先である連邦銀行のあるフランクフルトに引っ越したところでした。「三階を使っていいよ。そこはまさに隠遁所なんだ。人の往来や日々の雑事から隔てられていて、騒音も明かりもシャットアウトできる」と、フランツとレニーは言いました。確かにふたりの家の三階は、都会の隠遁士にとって理想的な場所です。書斎、寝室、小さな客間(私はそれを台所として使っていました)、浴室――孤独を求める者が望むものがすべてそろっているのです。

こうして今、私はいつも夢見ていたものを手に入れました――完全な沈黙、そして完全な孤独。窓のブラインドを下ろすと寝室は真っ暗になり、外を通る自動車の音は何ひとつ聞こえません。すべてが完全に静まりかえるのです。

この静けさには浄化作用があります。不思議に思うかもしれませんが、外面の静けさは内面の落ち着きのなさをすぐに暴露してしまいます。何もすることがないとき、私は何をするでしょうか。誰からも話しかけられたり何かを頼まれたりすることがなく、自分が価値ある存在だと感じさせられることがないとき、私は何をするでしょうか。電話も手紙も会議も何もないとき、一分、一時間、そして一日と過ぎていく時間は、孤独という果てしない砂漠の中へと広がっていきます。

これは、死と親しむための、このうえなく祝福された場所ではないでしょうか。これは、外面の静けさが私を内面の静けさへと徐々に導いてくれる、最高の場所ではないでしょうか。私はその内面の静けさの中で、自分の死すべき運命を受け入れることができるようになるのではないでしょうか。そうです。沈黙と孤独は、私の周りから聞こえてくる声、すなわち人間の仲間のあいだで安心感を与えてくれるものを徐々に捨て去り、自分の本当の名前を示してくれる内面の声を信じるようにと、私を招いてくれます。沈黙と孤独は、日常生活という足場から自分を引き離すようにと、そして伝統的な支えの体制がすべて取り去られたときにも揺るぎなく立つ拠り所を見つけるようにと、呼びかけてきます。

この隠遁所でひとり静かに座っていると、自分には死ぬことの準備がいかにできていないかがわかってきます。この心地よい住まいの沈黙と孤独は、人生を手放す心構えがないことに気づかせてくれるのに十分です。とはいえ、私はやがて死ななければなりません。私に残されている一〇年、二〇年、三〇年は、矢のように過ぎ去ってしまうでしょう。私の肉体は少しずつ衰え、頭は柔軟性を失っていくでしょう。私は家族や友人を失い、社会の役に立たなくなり、ほとんどの人から忘れ去られるでしょう。ますますケアが必要となり、しまいにはすべてを手放して、完全に未知の世界へと運び去られるのです。

私はその旅を迎え入れることができるでしょうか。残されている力をすべて手放し、握りしめていた拳を開き、完全な無力さの中に隠されている恵みに身を委ねることができるでしょうか。私にはわかりません。本当にわかりません。この無への旅に対して私の中のすべてが抵抗するので、それは不可能に思えます。しかし、フライブルクのこの小さな住まいの沈黙と孤独が、どれだけ死に身を任せられるかを探る最良の機会を提供してくれているのだということだけは、よくわかります。

死と親しむというこの孤独な課題は、私だけでなく、他の多くの人の課題でもあると、どういうわけか私は信じています。私はこれまでずっと、相手がその人自身の旅をする手助けをしたいと考えてきましたが、結局、自分自身が体験している旅以外は人に提供することができないと、常に自覚させられてきました。私の血となり肉となっているのでなければ、どうして他人に喜びと平和、赦しと和解を告げることができるでしょうか。私はいつも他人にとって良き牧者でありたいと望んできましたが、良き牧者は自分の命を――痛みも喜びも、疑いも希望も、恐れも愛も――友のために捧げるのだということも知っていました。

六〇代になった今、自分の死すべき運命を受け入れようとするとき、死と親しもうとする私の試みは、今まで生きて経験してきた他のすべてのことと同じように、自分にとってだけではなく、似たような課題に直面している他の人々にとっても益となると信じています。私はよりよく死にたいと思いますが、同じように他の人もよりよく死ぬことができるよう助けたいと思っています。こうしたわけで、フライブルクのシューベルト通りの小さな住まいの中で、私はひとりでいてもひとりではありません。事実、私の周りには死に瀕した人がたくさんおり、彼らはよりよく死にたいと願っています。私は自分自身の沈黙と孤独を、友人たちにとっても、またその友人たちの友人にとっても有益なものにしたい。私自身の死すべき運命を受け入れることが、他の人々にとっても自分の死すべき運命を受け入れる助けになればと願っています。私の小さな隠遁所が、真に世界の中の隠遁所、世界のための隠遁所となりますように。

私はこの隠遁所にあと五週間滞在することになっています。祈り、考え、自分だけでなく他の人々の死について書く五週間です。この課題には二つの側面があります。まず、自分自身の死と親しむとは何を意味するのか、私はそれを見出さなければなりません。次に、他の人が死と親しむのをどのように手助けできるのか、それを見出さなければなりません。私自身が死と親しむことができるようになったとき、他の人が同じようにするのを助けることができるでしょう。これが、このささやかな本で取り上げる問題です。まず、よりよく死ぬことについて、そして次に、よりよいケアについてです。

第一部　よりよく死ぬこと　御心の近くに

子どものころ、私たちには人生の意味を教えてくれる両親や先生や友人が必要でした。けれどもおとなになると、自分でものごとを考えなければならなくなり、自分自身が知識の主な源泉となります。生と死について他の人に語るとき、その内容は真に自分自身のものでなければなりません。偉大な思想家や聖人は、死ぬことについて、あるいは死について、多くのことを語ったり書いたりしていますが、彼らの言葉はあくまでも彼ら自身のものです。自分の語ることが自分の経験の奥深いところから発せられるものとなるように、私は自分の言葉を見つけなければなりません。私の経験は多くの人から深く影響を受けましたが、それは他の誰でもない、私の経験です。ここにこそ経験の力があり、同時に弱さもあります。死についての私の経験が私に言葉を与え、苦しみながら自分の生と死の意味を見出そうとしている人に、その言葉が語りかけるだろうと、私は信じなければなりません。また、私が言わなければならないことに対して多くの人が応えることができないことを、受け入れなければなりません。なぜならその人たちは、私の人生と自分の人生とのあいだに何らかの関係を見出すことも感じることもできないからです。

この本の最初の三つの章では、よりよく死ぬことについて書きます。私自身の内面の最も奥深いところを探り、私たち人間が神の子であること、互いに兄弟姉妹であること、未来の世代の親であることが何を意味するかを考えます。

私は自分の心の奥深くに留まり、そこで聞いたこと、感じたことに注意深く耳を傾けます。同時に、私の人生の今この時、その喜びや痛みが私の心に強く触れているある人々の、その心の近くにも留まりたいと思います。そして何より、私はイエスの御心の近くに留まりたいと思います。イエスの生と死は、私自身の生と死を理解するための大きな源泉なのですから。

第一章　私たちは神の子です

私が六〇歳になったとき、デイブレイクの共同体は盛大なパーティーを催し、百人以上の人が集まって祝ってくれました。ジョン・ブロスもそこにいて、いつものように大活躍しました。ジョンはおもしろいことをいろいろ考えているのですが、知的障がいのためにそれを言葉で表現することがなかなかできません。それでも彼は話すことが大好きで、特に大観衆の前ではいっそう話したがります。

みなが大きな輪になって座っている中で、司会者のジョーが言いました。「さあ、ジョン、今日はヘンリに何か言いたいことがあるんじゃないかな?」芝居のようなことが大好きなジョンは立ち上がって輪の真ん中に行き、私を指さして言葉を探しはじめました。「あなた……あなた……ああ、ああ」。顔いっぱいに微笑みを浮かべています。ジョンが私を指さして何とか言葉を発しようとしているのを、みなはじっと待っていました。「あなた……あなた……は……ああ、ああ」。そのとき、まるで爆発したかのように言葉が出てきました。「年寄りです！」みなはどっと笑い、ジョンはこのパフォーマンスの成功に浸りました。

ジョンの言葉は決定的でした。私は「年寄り」になっていたのです。それをこれほど単刀直入に言う人はなく、たとえそう言ったとしても、まだ若く見えるとか、まだエネルギーがあふれている、などとつけ加えるでしょう。ところがジョンは単純に、そして率直に、「あなたは年寄りです」と言ってのけました。

一歳から三〇歳までの人は若く、三〇歳から六〇歳までは中年で、六〇歳の誕生日を過ぎると年寄りと見なされることは、的外れではないと言えるでしょう。しかし六〇歳になったからといって、すぐに年寄りになったと感じるわけではありません。少なくとも、私は感じませんでした。一〇代はついこのあいだのことのように思えますし、勉強したり教えたりしたことは昨日のことのよう、デイブレイクでの七年間は七日間のように感じられます。自分が「年寄り」だと思ったことは全然なく、それを認めるためには、誰かに大声ではっきりと言ってもらう必要があります。

数年前、ひとりの大学生が自分の父親についてこう言いました。「父は私のことを何もわかってくれません。いつもいばり散らして、自分が正しいと主張するし、僕の考えなどちっとも聞いてくれません。だから、一緒にいることはとてもつらい」。彼を慰めようと思って、私は言いました。「私の父もきみのお父さんとそれほど変わらないよ。だけど、それは年のせいだ」。それを聞いて、彼はため息をつきました。「そうなんです、僕の父はもう四〇歳ですから！」そのとき突然、私は自分の孫ほどの年齢の青年と話していることに気がつきました。

本当に私は、自分が年を取っていること、周りの若者が私を年寄り扱いしていることを、つい忘れてしまいがちです。時たま自分の顔を鏡に映すと助けになります。自分の顔を眺めながら六〇歳だったころの父と母の面影をそこに見て、そのころ両親を年寄りだと思っていたことを思い出すのです。

年を取るということは、死に近づくということです。私はかつて、自分がそれまで生きていた年月と同じだけこれから生きることができるだろうかと、よく考えたものです。二〇歳のときには、少なくともあと二〇年は確実に生きるだろうと思いました。三〇歳になったときには、六〇歳に達するのはたやすいと思いました。四〇歳になると、八〇歳まで生きるかどうか疑いを持つようになりました。そして五〇歳になり、百歳まで生きる人はわずかしかいないと悟りました。六〇歳になって人生の半ばをとっくに過ぎた今は、自分が誕生よりも死に近い地点にいることを重々承知しています。

年を取った人は誰でも死の準備をしなければなりません。しかし、どうすればよい準備ができるのでしょうか。私にとって第一の課題は、もう一度子どもになること――自分の子ども時代を取り戻すことです。これは、最大限に自立を保ちたいという自然な欲求に反しているように思われるかもしれません。しかしながら、子どもになること、すなわち第二の子どもも時代に入るということは、よい死を迎えるために不可欠です。イエスはこの第二の子ども時代について次のように言いました。「心を入れ替えて子供のようにならなければ、決して天の国に入ることはできない」(マタイ18・3)。

この第二の子ども時代を特徴づけるものは何でしょう? それは新たな依存性と関係があります。人生の最初の二〇数年間、私たちは両親や先生や友人たちに依存しています。その四〇年後には、以前にも増して人に頼るようになります。若ければ若いほど、生きるために多くの人を必要とします。年を取れば取るほど、やはり生きるために多くの人を必要としまず。人生とは、依存から依存へと生きるものなのです。

それは、飼い葉桶から十字架に至る人生の旅路をたどったイエスを通して、神が示された神秘です。周囲の人々に完全に依存する状況に生まれたイエスは、他人の行為や決定の影響をそのまま受けるしかない犠牲者として死んでいきました。イエスの旅路は、第一の子ども時代から第二の子ども時代への移行でした。幼な子として生まれ、幼な子として死んだイエスは、私たちが自分の子ども時代を取り戻し、死を新しい誕生とすることができるように――ご自分と同じように――と生きてくださったのです。

私はこうしたことをはっきりと悟らせてくれるひとつの体験に恵まれました。数年前、道を歩いているときに車にぶつけられ、脾臓破裂で病院に担ぎこまれたのです〔編注・この経験の詳細は本書後半に併録する『鏡の向こう』に記されている〕。医者によれば、私が外科手術に耐えられるかどうか保証はできないとのことでした。結果として、私はこの難局を切り抜けることができたわけですが、手術の前後数時間のあいだ、いまだかつて経験したことのない形で、自分の子ども時代に触れることになりました。マスクをした人々に囲まれ、十字架にかけられるように腕を広げた形で縛りつけられて（151―152ページ）、完全な無力さを経験したのです。見知らぬ医療チームの技術にすべてがかかっているだけでなく、自分という存在の根底が他人に依存するしかないことを、私は深く感じました。手術を経て生き延びることができようとできまいと、私は神の御手にしっかりと抱かれていること、そして確実に生きるであろうことを、人智を超えた直観で確信しました。

この思いがけない事故のおかげで、私は無力な赤ん坊のように世話をしてもらわなければならない状態に置かれたのです。この経験は私に深い安心感、すなわち自分が神の子であるという強い感覚を与えてくれました。このとき、私には突然わかったのです。人間の依存性というものはみな、人間が神に依存していることのうちに深く根ざしていること、そしてこの神への依存こそ、死というものをより広く大きな生の中に位置づけてくれることが。この経験はあまりにリアルで根源的、全体に及ぶものでしたから、私の自己感覚を根底から変え、私の意識に深い影響を及ぼしました。ここにひとつの不思議な逆説があります。人間への依存はしばしば隷属へとつながりますが、神への依存は自由へとつながる、という逆説です。神がしっかりと抱きしめてくださることを確信するとき、私たちは何が起ころうと、何ものも恐れることなく、大きな信頼をもって人生を生き抜くことができるのです。これは画期的なものの見方です。人々が抑圧され搾取されるとき、私たちはそれを依存のしるしとみなし、真の自由は自主独立によってのみ達成されると考えがちです。しかし、このことについて別の見方をすることもできるでしょう。神への心からの依存を呪いではなく賜物として見るならば、私たちは神の子どもとしての自由を見出すことができます。この深い内的な自由によってこそ、私たちは敵と向きあい、抑圧の重荷を振りはらい、兄弟姉妹として、愛であるひとりの神の子どもとして生きることのできる社会・経済の仕組みを打ち立てることができるのです。これこそがイエスの語られた自由であると、私は信じています。それは神の子どもであることに根ざした自由なのです。

私たち人間は恐れに満ちています。対立、戦争、不確かな未来、病気、そして何よりも死を恐れています。この恐れは私たちの自由を奪い、脅迫や約束によって私たちを巧みに操る力を、社会に与えてしまっています。けれども私たちが恐れを乗り越え、私たちの生まれる前から存在し、私たちの死後も存在する愛をもって私たちを愛してくださる御方を見出すとき、抑圧も迫害も、そして死さえも、私たちの自由を奪うことはできません。いったんこの内的な深い知識――頭よりも心で理解する知識――に到達するならば、すなわち、私たちは愛から生まれ、愛のうちに死ぬこと、私たちの存在のすべての部分が深く愛に根ざしていること、この愛が私たちの真の父であり母であることを認識するならば、いかなる悪も、病気や死も、もはや私たちに力をふるうことはできなくなるのです。同時にその認識は、私たちが神の子として真の「子ども時代」を生きるのだということを、痛みを伴いつつも希望に満ちて思い起こさせてくれるものとなるでしょう。使徒パウロは、神の子の完全な自由の経験を次のように表現しています。「わたしは確信しています。死も、命も、天使も、支配するものも、現在のものも、未来のものも、力あるものも、高い所にいるものも、低い所にいるものも、他のどんな被造物も、わたしたちの主キリスト・イエスによって示された神の愛から、わたしたちを引き離すことはできないのです」(ローマ8・38―39)。

それゆえ、死に備えるための最初の課題は、神の子としての自由を表明し、そうすることによって、死がこれ以上いかなる力も私たちに及ぼせないようにすることです。「子ども」という言葉には問題がないわけではありません。この言葉には、小ささ、弱さ、無知、未熟さといった意味が含まれます。しかし、第二の子ども時代に入らなければならないと私が言うとき、それは第二の未熟な状態になるという意味ではありません。その反対に、神の子としての成熟、神の国を受け継ぐ選ばれた息子、娘としての成熟を意味しているのです。神の子であるということは、小さく弱く、無知であることでは決してありません。実際、神の子としての選びは、世界が崩れ去っていく中を歩くときも、私たちが神を仰ぎ見ることができるようにしてくれるのです。神の息子、娘である私たちは、相続人としての自信をもって死の門を通り抜けることができるのです。パウロはこのことについても、声高らかに宣言しています。「神の霊によって導かれる者は皆、神の子なのです。あなたがたは、人を奴隷として再び恐れに陥れる霊ではなく、神の子とする霊を受けたのです。この霊によってわたしたちは、『アッバ、父よ』と呼ぶのです。この霊こそは、わたしたちが神の子供であることを、わたしたちの霊と一緒になって証ししてくださいます。もし子供であれば、相続人でもあります。神の相続人、しかもキリストと共同の相続人です。キリストと共に苦しむなら、共にその栄光をも受けるからです」（ローマ８・14―17）。

これは臆病な小さな子どもの声ではありません。これは自分が神の御前にあり、神への完全な依存が自分の力の源、勇気の基盤、真の内的自由の秘訣であることを知っている、霊的に成熟した人の声です。

先日、ある友人から、母親の胎内で会話をしている双子の物語を聞きました。妹は兄に言いました。「私はね、生まれてからも命があるって信じてるの」。兄は激しく反論しました。「いや、ここにあるものがすべてだよ。ここは暗くて居心地がいい。ぼくたちはへその緒にしがみついて、そこから食べ物をもらってさえいればいいんだ」。女の子は言い張ります。「この暗い場所以外にも何かあるはずよ。明るくて、自由に動きまわれる場所が」。けれども、妹は双子の兄を説得することはできませんでした。

しばらく押し黙ったあと、妹はおずおずと言いました。「言いたいこと、ほかにもあるんだけど、兄さんはきっと信じてくれないでしょうね。でもね、お母さんっていうものがいるんじゃないかと思うの」。兄はかっとなって言いました。「お母さん、だって？　いったい何を言ってるんだ！　お母さんなんてものは見たことがない。お前だって見たことがないだろう？　いったい誰からそんなことを吹きこまれたんだ？　さっきも言ったように、ここ以外にぼくたちの場所なんかないよ。どうしていつも、ほかのものをほしがるんだ？　それに、ここはそんなに悪いところじゃない。必要なものはみんなそろっているんだから、これで満足しようよ」。

妹は兄の反応にすっかり圧倒されて、しばらくのあいだ何も言えませんでした。けれども自分の考えを捨てることができず、兄しか話す相手がいなかったので、とうとうまた口を開きました。「時々、ぎゅっと締めつけられるような感じがあるでしょう？　あまりいい気持ちじゃないし、時には痛いこともあるわ」「そうだね、でもそれがどうだっていうのさ？」兄は答えました。すると妹は言いました。「あのね、この締めつけられるような感じは、別の場所に行く準備をさせてくれるためにあるんじゃないかと思うの。ここよりもっと美しい場所、顔と顔を合わせてお母さんを見ることのできる場所に行く準備よ。わくわくするじゃない？」

兄は何も答えませんでした。妹のばかばかしい話に辟易してしまい、無視さえすれば、妹はもう話しかけてこなくなるだろうと思ったのです。

この物語は、新しい視点から死について考えるのを助けてくれるかもしれません。私たちはこの人生がすべてであるかのように考え、死のような馬鹿げたもののことは話題にしないほうがいいと考える生き方もできるでしょう。しかし、神の子どもとしての「子ども時代」を生きることを求め、死とは痛みを伴うものの、私たちが顔と顔とを合わせて神を見るために通る祝された道であると信じる生き方を選ぶこともできるのです。

第二章　私たちはお互いに兄弟姉妹です

私たちの経験の中で最大の喜びは、他人と異なるという喜びと、他人と同じであるという喜びです。このひとつめは、一九九二年バルセロナの夏のオリンピックをテレビで観ていてそう思いました。人よりも速く走り、高く跳び、遠くへと投げたことの直接的な結果として表彰台に立ち、銅や銀や金のメダルを受け取った人たちは、喜びを経験していました。他の選手たちとの差はごくわずかだったかもしれませんが、それが重大だったのです。それは勝敗の分かれ目、悔し涙と歓喜の分かれ目でした。これは英雄とスターの喜びであり、競争で成功をおさめ、賞を獲得し、栄誉を受け、脚光を浴びることから来る喜びです。

私自身もその喜びを知っています。学校で賞をもらい、クラスのリーダーに選ばれ、大学から終身雇用を保証され、自分の著書が出版され、名誉学位を贈られたことで、その喜びを味わったのです。他の人々と異なると見なされることから来る絶大な満足を、私は知っています。このような業績は自信のなさを消し去り、自信を与えてくれます。これは「やり遂げた」という喜びであり、他人との違いを認められたという喜びです。私たちはみな、どこかしら何かしら、この喜びを期待していると言えるでしょう。しかしそれは「神よ、わたしはほかの人たちのような者ではないことを感謝します」（ルカ18・11参照）と言った人の喜び以上のものではありません。

もうひとつの喜びは、どのようなものか説明するのは難しいけれど、見つけるのは易しい喜びです。それは、すべての人たちの兄弟姉妹である喜びです。この喜びは、先ほどの、人と異なることから来る喜びよりも身近にあり、手に入れやすいものですが、あまり目立たず、これを本当に見つけることができる人はわずかしかいません。これは年齢も人種も宗教もさまざまな、多種多様な人類家族のひとりであることの喜びです。人類のひとりであるということは、大きな喜びです。

私は人生において、この喜びを味わったことが何度かあります。一九六五年、マーティン・ルーサー・キングに率いられた数千もの人々がアラバマ州セルマからモンゴメリまで公民権運動の行進をしたとき、私もそれに参加したのですが、そのときにこの喜びを深く感じました。その行進のあいだに経験した喜びは、一生忘れないでしょう。私はひとりで参加していたので、誰も私を知りません。誰も、私のことなど聞いたこともなかったでしょう。けれどもみなで肩を組み、「勝利を我らに」を歌いながら行進するうちに、それまでに経験したことのない喜びでいっぱいになりました。私は心の中で言いました。「そうだ、そうだ。私はこの人たちのひとり、私たちは仲間なんだ。肌の色、宗教、生き方は違うかもしれないけれど、彼らは私の兄弟姉妹なんだ。彼らは私を愛し、私は彼らを愛している。彼らの笑いと涙は私の笑いと涙、彼らの祈りと予言は私の祈りと予言、彼らの苦しみと希望は私の苦しみと希望。彼らと私はひとつなのだ」。

一瞬にして、あらゆる差異が日光に照らされた雪のように溶け去りました。他人と自分を比較しようとする心は消え、人々のあたたかな腕に抱かれているように感じられました。私が手をつないでいる人々の中には、刑務所で数年を過ごした人、薬物やアルコールに依存している人、孤独と絶望に苦しめられている人、私とはまったく違った生き方をしている人がいることを知っていましたが、私には彼らがみな、神の愛で輝いている聖人のように見えました。彼らは確かに神の民。神から熱烈に愛され、完全に赦された人々でした。私がそこで感じたのは、強い同一感、すべての人々との深い一致の感覚、兄弟愛・姉妹愛の高揚感でした。

この喜び――自分は他の人々と同じであり、ひとつの人類家族に属しているという喜び――があればこそ、私たちはよりよく死ぬことができる、と私は確信しています。自分の最良の時代に集めたトロフィーだけに心を奪われているならば、私も他の人々も、どうして死への備えなどできるでしょうか。死ぬことのうちに隠されている最大の贈り物は、すべての人々との一致という賜物です。私たちにどれほど違いがあろうとも、誰もが無力のうちに生まれ、無力のうちに死ぬのです。生きているあいだに見られる小さな違いなど、この大いなる真実の光に照らされれば、たちまち消え去ってしまうでしょう。死というこの人間についての真実は、しばしば悲しみの原因と見られることがあります。これが「厳しい現実に目を覚まさせる真実」と呼ばれることも稀ではありません。私たちの課題は、この真実が大きな喜びの源であると発見することです。この喜びは、私たちに地上のすべての人々と連帯して新しい命への道を切りひらいていくのだと気づかせ、私たちが死すべき運命をすすんで受け入れることができるようにしてくれます。

よい死とは、人々との連帯のうちにある死です。よい死を迎える準備をするために、私たちはこの連帯の意識を高め、深めなければなりません。もしも死を、人々から私たちを引き離す出来事としてとらえ、そのような死に向かって生きるならば、死は悲しみと嘆きに満ちた出来事以外の何ものでもありません。しかし、私たちの死すべき運命が他の何にも増して私たちを他者との連帯に導いてくれるのだという意識を深めるならば、死は人々との一致を喜び祝うものとなりうるでしょう。死は私たちを人々から引き離すのではなく、人々と結びつけることができます。死は悲しみではなく、新しい喜びを与えてくれます。死は命をただ終わらせるのではなく、何か新しいことを始めることができます。

このことは、初めて耳にしたときには馬鹿げて聞こえるかもしれません。死が別離ではなく一致を生みだすことなどありうるのでしょうか。死は究極の別れなのではないでしょうか。そうです。「誰がいちばん強いか」ということばかりいつも気にかけている競争社会の基準に従って生きているならば、その通りです。しかし、神の子どもであることを求め、自分が生まれる前も死んだあとも神のものであると信じるにつれて、この地上の人々はみな兄弟姉妹であり、私たちはみな一緒に誕生と死を経て新しい命へと向かう旅をしているのだということを経験するようになります。私たちはひとりではありません。私たちを隔てる違いを超えて、私たちは人間としてのひとつの属性を共有しています。そのことによって、私たちは互いに結ばれているのです。私たちはこの人間としての一体感を、強く元気なときではなく、弱く傷つきやすくなっているときに見出しますが、これは命の神秘と言えるでしょう。

私たちはみな死ぬということを経験によって知ることは、私たちを深い喜びで満たし、自由に恐れなく死と向きあえるようにしてくれます。私たちは「みなと同じように生きることはすばらしい」と言えるだけでなく、「みなと同じように死ぬことはすばらしい」と言うこともできるのです。若くして死ぬ人もいれば年老いてから死ぬ人もいる。短命の人もいれば長い生涯のあとに死ぬ人もいる。病気で死ぬ人もいれば突然予期しないときに死ぬ人もいる。

しかし私たちはみな必ず死に、同じように終わりを迎えます。人間として同じであるというこの大きな事実から見れば、生き方や死に方における多くの違いはもはや私たちを区別することなく、それどころか私たちの交わりの感覚を深めてくれます。この人類家族全体との交わり、互いに依存しあっているという深い感覚は死の棘を取り去り、それぞれの生きてきた軌跡の限界を超えたはるか彼方に私たちを指し向けます。互いの絆は死よりも強いことを、私たちはなぜか知っています。

ここで私たちはイエスのメッセージの核心に触れます。イエスは死後の新しい命を約束することによって、私たちの目をただこの世から背けさせるために来られたのではありません。イエスが来られたのは、私たちが神の子としてみなイエスの兄弟姉妹であり、みな互いに兄弟姉妹であることを私たちに気づかせるためでした。それゆえ、私たちは死を恐れることなく、共に私たちの生を生きることができるのです。イエスは私たちに、ご自分の神の子としての身分に与るだけでなく、同じ神の子である兄弟姉妹の愛を十分に味わってほしいと望んでおられます。イエスは私たちにこう語っておられます。「父がわたしを愛されたように、わたしもあなたがたを愛してきた」（ヨハネ15・9）、「わたしがあなたがたを愛したように、あなたがたも互いに愛し合いなさい」（同13・34）。

福音書記者ヨハネは、イエスの死後何年も経ってから、私たちが神の子であることと、私たちが互いに兄弟姉妹であることの密接な関係を、はっきり示してくれました。ヨハネは次のように語っています。「わたしたちが愛するのは、神がまずわたしたちを愛してくださったからです。『神を愛している』と言いながら兄弟を憎む者がいれば、それは偽り者です。目に見える兄弟を愛さない者は、目に見えない神を愛することができません。神を愛する人は、兄弟をも愛すべきです。これが、神から受けた掟です」（Ⅰヨハネ4・19―21）。この兄弟姉妹の絆の喜びは、私たちがよりよく死ぬことができるようにしてくれます。私たちはもはやひとりで死ぬのではなく、この地上のすべての人々との連帯のうちに死ぬことができるのですから。この連帯から希望が生まれるのです。

飢餓、弾圧、病気、絶望、暴力、戦争によって死んでいく世界各地の人々は、ある神秘的な方法で私たちに大切なことを教えてくれます。ソマリアで、エチオピアで、子どもたちは死んでいきます。その子どもたちの兄弟姉妹として、私たちは彼らが生きられるように手を貸さなければなりませんが、同時にまた、私たちも彼らのように死ぬのだということを理解しなければなりません。ボスニアではイスラム教徒、クロアチア人、セルビア人が死んでいきます。彼らの兄弟姉妹として、私たちは彼らの殺しあいを食い止めるよう手を尽くさなければなりませんが、同時にまた、私たちも彼らのように死ぬのだということを自覚しておかなければなりません。グァテマラでは先住民族の人々が死んでいきます。彼らの兄弟姉妹として、私たちは彼らの抑圧者たちの残忍な行為を食い止めるよう努力しなければなりませんが、同時にまた、私たちも彼らのように死ぬのだという事実に向きあわなければなりません。多くの国で老いも若きもがんやエイズで死んでいきます。彼らの兄弟姉妹として、私たちはできる限りその人たちをケアし、治療法を探し続けなければなりませんが、同時にまた、私たちも彼らのように死ぬのだということを決して忘れてはなりません。無数の男女が貧困と疎外のために死んでいきます。彼らの兄弟姉妹として、私たちは物資と支援を提供しなければなりませんが、同時にまた、私たちも彼らのように死ぬのだということを常に心に留めておかなければなりません。

これらの人々は計り知れない痛みと悲しみの中で、生きているあいだだけでなく死に際しても、連帯を求めています。彼らの死を私たちのよい死の助けとすることができるときのみ、私たちは彼らがよく生きる助けとなることができるでしょう。希望をもって死と向きあうことができるとき、私たちは寛大な心をもって生きることができるのです。

私たちはみな、貧しさの中で死ぬのです。臨終を迎えるとき、何ものも私たちを助けることはできません。どれほどの財力も、権力も、支配力も、私たちを死から救ってはくれません。これが本当の貧しさです。しかしイエスは言われました。「貧しい人々は、幸いである、神の国はあなたがたのものである」（ルカ６・20）。死ぬことの貧しさの中には、祝福が隠されています。それは同じ神の国において、私たちが兄弟姉妹となるという祝福です。それは私たちが死ぬときに他人に与えることができる祝福です。それは神から来る永遠の命の祝福です。それは私たちの誕生と死をはるかに超えた祝福です。それは私たちを永遠から永遠へ、しっかりと運んでくれる祝福です。

大病にかかっていた私の友人は、イエスの母マリアに対する深い信心を持っていたので、癒やしを求めてフランスのルルドに巡礼することにしました。彼女が旅に出たとき、もしも奇跡が起こらなかったら彼女はひどく失望するのではないかと、私は心配でなりませんでした。しかし巡礼から戻ると、彼女は言いました。「あんなにたくさん病気の人を見たのは初めてよ。人間の苦しみを目の当たりにして、もう奇跡など望まなくなったし、私だけ特別扱いしてほしいなんて願わなくなった。そこにいる人たちのひとりになりたい、この傷ついた人々の仲間になりたい、と心から願うようになったの。癒やしを願い求めるのではなくて、この人たちと心をひとつにして自分の病気の苦しみを耐えることのできる恵みを与えてください、と私は祈ったの。イエス様のお母さんはきっとこの祈りを御子のもとに届けてくださると思うわ」。

私は友人の祈りのこの大きな変化に深く感動しました。病人の仲間入りをしたくないと思っていた彼女が、今では、彼らと同じようになりたい、苦しみを分かちあう彼らの姉妹として自分の痛みを生きたい、と願うようになったのです。

この話は、人間の連帯を経験することから来る癒やしの力を明らかにしてくれます。この癒やしの力は自分の病をよりよく生きる助けとなるばかりでなく、よりよく死ぬ助けにもなります。私たちは確かに死への恐れから癒やされることがありますが、それは死を遠ざけてくれる奇跡的な出来事によってではなく、人間という存在の脆さを分かちあってくれる、過去、現在、未来のすべての人々と兄弟姉妹になるという癒やしの経験によって、可能となるのです。この経験の中でこそ、私たちは人間であることの喜びを味わい、やがて実現されるはずのすべての人との交わりを前もって味わうことができます。

第三章　私たちはやがて来る世代の親です

私の義妹マリーナはまだ四八歳です。今、死に瀕しています。五年前、がんであることを医者から告げられました。それ以来、マリーナはさまざまな治療を受けながら、痛みに満ちた長い闘病生活を送っています。三回の大手術とたびたびの放射線治療によって医者たちはがんの除去を試み、命を永らえさせようとしました。

弟パウルは、なんとしても敵を打ち負かしたいという希望をもって、ありとあらゆる治療を妻に受けさせました。しかし、他の人々がそう思っていたように、ついにこの闘いは無駄だということを悟りました。私がこの本を書いている今も、マリーナは着々と自分の死の準備をしています。

ここ数年のあいだに、私はマリーナとその病気について、さらにはその死についてさえ話す機会をしばしば与えられました。マリーナは強く、感情に左右されない女性です。現実を直視することを好み、罪のない嘘で彼女を慰め力づけようとする人は相手にしません。がんとの闘いを助けようとしてくれる医者や看護師には全力で協力しながらも、どんな決断も自分が完全に承諾しなければ気がすみません。また、自分が信じていない宗教に基づくいかなる霊的支援も受け入れません。マリーナはしばしば私の霊的な視点に疑問を呈し、生と死について――自分の死についても他の人の死と同様に――確固たる意見を持っています。

年月とともに症状が悪化する中で、マリーナは絵や詩を通して自分を表現するようになりました。これらはもともと趣味として始めたものの、次第に彼女のいちばん大切な活動となりつつあります。肉体的に弱くなればなるほど、マリーナの芸術的表現はより強く、より直接的で飾り気のないものとなっています。とりわけ彼女の詩は、死と親しもうとする葛藤の生み出した実りと言えるでしょう。

マリーナはこれまで活動的で生産的な生涯を送ってきました。語学学校の教師および共同責任者としてキャリアを積み、創造的な新しい教育法を導入しました。しかし、病気によってこうした活動は残酷にもすべて断たれ、彼女は深く愛していた世界を手放さざるをえなくなったのです。病気になってからは芸術がこれまでの教育活動に取って代わり、彼女にとって新しい命の源となっています。一緒にいるとき、マリーナはしばしば自分の詩を暗唱して聞かせ、その感想を私に求めます。詩の多くは茶目っ気たっぷりで、ユーモアの効いたものですが、彼女がますます悟りつつあること――日々何かを手放さなければならないこと、多くの人との別れの時が近づいていること——が、どの詩にも表現されています。

マリーナが死の準備をしているのを見ているうちに、彼女は自分の詩を他の人への贈り物にしようとしているのだと、次第にわかってきました。弟パウルのためだけではなく、家族や友人のためだけでもなく、看護師や医師、彼女の話を聞き、詩を分かちあってくれた多くの人たちへの贈り物です。教えることに生涯を捧げてきたマリーナは今、死への準備を通して教え続けているのです。彼女の成功や業績はまもなく忘れ去られるかもしれませんが、彼女の死の実りは長く残るに違いありません。マリーナは子どもがなく、社会に対して自分ならではのどのような貢献ができるだろうかと、いつも考えていました。母としての喜びは味わえなかったものの、死に向かうその生きざまを通して多くの人の親となりました。最後の五年間は、彼女の一生の中で最も実り多いものであったということになるでしょう。他の人々のために死ぬということの意味を、マリーナはまったく新しい方法で私に示してくれました。それは将来の世代の親となるということです。

イエスの言葉の中で、迫り来る自分自身の死についての言葉ほど、私が個人的に影響を受けた言葉はありません。イエスは最も親しい友に、ご自分の死について単刀直入に語られました。その死が悲しみと苦痛を伴うことは認めながらも、それは祝福と約束と希望に満ちたすばらしいものであると告げました。死に先立ってイエスは言われました。「今わたしは、わたしをお遣わしになった方のもとに行こうとしているが、あなたがたはだれも、『どこへ行くのか』と尋ねない。むしろ、わたしがこれらのことを話したので、あなたがたの心は悲しみで満たされている。しかし、実を言うと、わたしが去って行くのは、あなたがたのためになる。わたしが去って行かなければ、弁護者〔聖霊〕はあなたがたのところに来ないからである。わたしが行けば、弁護者〔聖霊〕をあなたがたのところに送る。……言っておきたいことは、まだたくさんあるが、今、あなたがたには理解できない。しかし、その方、すなわち、真理の霊が来ると、あなたがたを導いて真理をことごとく悟らせる。その方は、自分から語るのではなく、聞いたことを語り、また、これから起こることをあなたがたに告げるからである」（ヨハネ16・5―7、12―13）。

初めのうち、この言葉は奇妙で馴染みのないものに聞こえ、生と死をめぐる私たちの日々の葛藤とは無関係に思われるかもしれません。しかし、マリーナや死に直面している他の多くの友人と語りあったあとでは、イエスの言葉が新たな様相で身に迫ってきます。イエスの言葉は、これらの人々が経験していることの最も深い意味を表しているのだとわかってくるのです。イエスがご自身と友人たちをご自分の死に向けて備えさせた、その方法は特別なものであり、「普通の」人間の方法とはかけ離れている、と私たちはとかく考えがちです。しかし実のところイエスの死に方は、希望に満ちた模範を私たちに提供してくれているのです。

私たちもまた、友人たちにこう言うことができるでしょう。「私が去って行くのは、あなたがたのためになる。私が行けば、聖霊をあなたがたのところに送る。その方は、これから起こることをあなたがたに告げるからである」。マリーナが詩を書き、絵を描いて、それらが彼女の死を悲しむ人たちに新しい命を与えることを願うとき、彼女が言いたいのはこのことではないでしょうか。「聖霊を送る」という表現は、愛する人をひとりにはしておかず、彼らに新しい絆、生きているときにあった絆よりもっと深い絆を提供することを、何よりもよく伝える表現ではないでしょうか。「他者のために死ぬ」とは、他者が私たちの愛の霊で強められ、生き続けることができるように死ぬということではないでしょうか。

ある人は反論するかもしれません。「父のひとり子イエスは、確かに私たちに聖霊を送ってくださいました。……でも、私たちはイエスではないのですよ。人に送る聖霊など、持っていないではありませんか！」と。しかしイエスの言葉に耳をよく傾けると、私たちはイエスのように生き、イエスのように死に、イエスのように復活するようにと呼びかけられていることに気づきます。なぜなら私たちには、聖霊――父とイエスとをひとつにする神の愛――が与えられているからです。イエスの死だけでなく私たちの死もまた、他の人々の生の中で実を結ぶよう意図されているのです。イエスの死だけでなく私たちの死もまた、私たちが残していく人々に神の霊をもたらすのです。神の霊とともに、神の霊の内で生きてきた人はみな、神の霊を送るというわざに、自分自身の死を通して参与する――これは偉大な神秘です。このようにして、神の愛の霊は私たちに送り続けられ、イエスの死は彼のように死ぬ――つまり他者のために死ぬ――すべての人を通して、実を結び続けます。

死はこうして永遠の実りへの道となるのです。死が希望を与えるというのは、まさにこのことです。私たちの死は、私たちの成功や業績、名声、人々のあいだにおける価値の終わりであるかもしれませんが、私たちの実りの終わりではありません。実際は終わりどころか、その反対です。私たちの生の実りは、私たちが死んだあとに初めてその完成を見るのです。私たち自身は、自分の実りを見ることも経験することもほとんどありません。自分の業績に気を取られ続け、自分の生きてきたことの実りが目に入らないこともよくあります。しかし人生のすばらしさは、人生が終わって長い時間を経たあとにその実が結ばれることにあります。イエスは言われました。「はっきり言っておく。一粒の麦は、地に落ちて死ななければ、一粒のままである。だが、死ねば、多くの実を結ぶ」（ヨハネ12・24）。

これが、イエスの死およびその霊に生かされたすべての人の死の神秘です。その人々の生涯は短く、生活していた地域もしばしば限られていたとしても、彼らの命はその限界をはるかに超えて実を結ぶのです。私の母は死後何年経っても、私の人生の中で多くの実を結び続けています。母が亡くなって以来、私の重大な決定の多くは、母が送り続けてくれるイエスの霊によって導かれていると、私は深く実感しています。

イエスの生涯は四〇年に満たないものでした。自分の住む地域の外に出たことはなく、生前に出会った人々は彼をほとんど理解していませんでした。彼が死んだとき、なおも忠実であり続けた弟子はほんの数人しかいませんでした。あらゆる点で、彼の生涯は失敗でした。成功は彼を離れ、人気は色あせ、権威は完全に失われました。それでありながら、イエスの生涯ほど実り豊かなものはありません。他の人々の考えや感情に大きな影響を与えたものはありません。イエスの生涯ほど、未来の文化を決定的に形づくり、人間関係のパターンに大きな影響を与えたものはありません。イエス自身、自分の生涯の実りは死後初めて明らかになると、常々話しておられました。自分の言ったこと、行ったことを弟子たちは理解しないけれども、のちに理解するようになるということを、イエスは強調されました。イエスがペトロの足を洗ったとき、イエスは言われました。「わたしのしていることは、今あなたには分かるまいが、後で、分かるようになる」（ヨハネ13・7）。ご自分が御父のもとに帰ることを語ったとき、イエスは言われました。「わたしは、あなたがたといたときに、これらのことを話した。しかし、弁護者、すなわち、父がわたしの名によってお遣わしになる聖霊が、あなたがたにすべてのことを教え、わたしが話したことをことごとく思い起こさせてくださる」（同14・25―26）。イエスの生涯の完全な意味は、死後になってようやく明かされたのです。

歴史上の偉大な人々の多くについても、同じことが言えるのではないでしょうか。彼らの多くも、死後、長い時間を経たのちに、その生涯の意味が明らかになりました。生前、ほとんど知られていなかった人もいれば、現在記憶されていることとはまったく別のことで知られていた人もいます。成功し、有名であった人もいれば、失敗と拒絶に絶えず苦しんでいた人もいます。しかし、私たちの考えや行動を形づくることになった真に偉大な人々は誰もがみな、自分が見ることも予見することもできなかった実を結んだのです。

ブラザー・ローレンスは多くの例の中のひとつに過ぎません。この単純素朴な信徒助修士は一六一四年から一六九一年まで、フランスのカルメル会の、ある修道院で料理人、靴職人として暮らしていました。死後、「神の現存の内に歩む」ことについての思索と書簡が公刊され、現在に至るまで多くの人の霊的生活に大きな影響を与えています。ブラザー・ローレンスの生涯は目立たないものでしたが、多くの実りをもたらしました。ローレンス自身は他の人々の人生に影響を及ぼすことなど、思ってもいなかったでしょう。彼の唯一の願いは、成すことがすべて神の現存の内に行われることでした。

となれば、私たちが死ぬ前に真に問うべきことは、私にはあとどれだけ業績が残せるだろうか、あとどれだけ人々に影響を及ぼすことができるだろうか、ではありません。家族や友人のもとを離れたあとも実りをもたらし続けるために、私はどのように生きたらよいのか、と問うべきなのです。この問いは、私たちの注意を行為から存在そのものに向けさせます。私たちの行為は成功をもたらしますが、私たちの存在は実りをもたらします。私たちはいつも、自分が何をするか、あるいはまだ何をすることができるかを気にかけますが、人々の記憶に残るのは、どのような人であったかということである場合が多いのです。これは人生の偉大な逆説です。聖霊が私たちの生を導くならば——そうであれば、愛、喜び、平和、優しさ、赦し、勇気、忍耐、希望、信仰の霊である聖霊は死ぬことなく、世代から世代へと成長し続けるでしょう。

マリーナの死と私自身の死について考えるうちに、人生の大きな課題が何であるかがわかってきました。私が今生きているこの社会は、私の人生の目に見える成果を求め続けますが、そうした成果は重要と見なされるかもしれないし、見なされないかもしれません。しかしそれは自分が気にするべき問題ではないということを、私は徐々に学んでいかなければなりません。本当に重要なのは、私の人生がもたらす実りなのです。年を取って弱くなればなるほど、私の成しうることは少なくなっていくでしょう。身体も頭も衰えていくでしょう。目を近づけなければ本が読めなくなり、耳を近づけなければ相手の話が聞こえなくなるでしょう。記憶力が衰えて何度も同じ冗談を繰り返すようになり、批判力が鈍って私の話はつまらないものになるでしょう。それでも、神の霊が私の弱さの中で示され、自在に動き、衰えていく私の肉体と精神から実を結ぶと信じています。

　こうして私の死は、まさに新しい命の誕生となるのです。何か新しいもの、それについてほとんど語ることも考えることもできない何かが、存在するようになるのです。それは私自身の歴史を超えたところに横たわり、代々受け継がれ、永遠に生き続ける何かです。こうして私は新しい親、未来の親となるのです。

　私は毎日、エイズで苦しんでいる友人たちのことを考えます。個人的に知っている友人もいれば、友人を通して知った友人もいます。多くは当人の書いたものや、その人について書かれたものを通して知りました。この恐ろしい病気が流行しはじめた当初から、私はエイズを抱えて生きる若い男女を身近に感じていました。彼らはみな、自分が長くは生きられず、苦しく、大概は痛みを伴う死を迎えなければならないことを知っています。私は何とかして彼らに寄り添い、彼らを助け、慰め、力づけたいと願っています。彼らは愛され大切にされることを切実に求めているのに、多くはその代わりに病気と死に直面させられました。この悲劇に、私の心は押しつぶされそうです。私は天に向かって叫びます。「神よ、一致と親しさを求めるその願いの結果が、なぜ別れと苦悩なのでしょうか。ただ愛されたいと望んでいるこれほど多くの若者が、なぜ病院やわびしい部屋で衰弱していかなければならないのでしょうか。愛と死は、なぜ背中合わせなのでしょうか」。おそらく、この「なぜ」というのは重要ではないでしょう。重要なのは、なぜ自分は愛を渇望しているのにそれを見出せなかったのかと問うている、美しい名前と美しい容貌の持ち主である男性たち女性たちです。私は彼らを近くに感じます。なぜなら、彼らの痛みは私の痛みから遠くないからです。

私もこの人々と同じように人を愛したいし、人から愛されたい。私も同じように、死ななければならない。私も同じように、心の奥底にある愛への渇望と苦悩との神秘的な結びつきを知っている。私は愛に飢えて死んでいくこの人たちすべてを、心の中で抱きしめたいと思います。

最近、ポール・モネットの『ボロウドタイム（上下）』（邦訳　永井明訳、時空出版、一九九〇―九一年）という本を読み、深く感動しました。この本では、友人ロジャー・ホーウィッツを襲ったエイズに対してモネットの挑んだ闘いが、痛みに満ちた詳細をもって描かれています。この本全体が、ひとつの勝どきのようです。「敵を打ち滅ぼしてやる。この悪の力が我々の人生を滅ぼすことは断じて許さない」。それは勇敢な闘いであり、生き延びるためのあらゆる手段が尽くされました。しかし、負け戦に終わりました。ロジャーは死に、ポールはひとり残されます。最終的に、死は愛よりも強いのでしょうか。結局、私たちはみな負け犬なのでしょうか。結局、生き延びようとする私たちの苦闘はみな、罠を食いちぎってそこから抜け出そうともがく狐の苦闘のように、愚かなものなのでしょうか。

多くの人がそのように感じているに違いありません。打ち負かすことのできない死の力に直面しながらも真正面から闘いを挑む力となるのは、心の奥底にある人間としての自尊心だけなのです。ポールとロジャーがこの厳しい不屈の闘いを続けたその姿を、私は称賛します。しかし、イエスとその弟子たちの死について生涯をかけて思い巡らせてきた今、生き延びようとする負け戦の彼方には、命を求める希望に満ちた闘いがあると信じたいと、私は思います。究極的に愛は死より強いと私は信じたいし、実際、信じています。それに対する論拠はありません。あるのはただイエスの物語、そして彼の生涯と言葉の中にある、命を与えてくれる真理を信じる人々の物語だけです。これらの物語は、新しい生き方と新しい死に方を私に示してくれます。そして私は、その道を人々に示したいと心から願っています。

カリフォルニア州オークランドにあるエイズに苦しむ人たちのためのカトリック施設、ベタニアの家にリックを訪ねたとき、私はポールがロジャーに言えなかったことを彼に伝えたいと思いました。ポールの経験では、教会はエイズに苦しむ人々に対して大切なことは何も語れないのでした。ポールにとって教会は、偽善的で抑圧的、人々を拒絶する存在でした。彼はキリスト教の物語よりもギリシャ神話に慰めを見出していました。しかしリックの手を握り締め、恐れに満ちたその目を見たとき、彼に残されている短い時間は、生き続けるための勇敢な負け戦以上のものとなりうるだろうと、私は深く感じました。残された時間の意味は、まだ何ができるかということにではなく、もはや何もできなくなったそのときに結ぶことのできる実にあるのだということを、私は彼に知ってほしいし信じてほしいと思ったのです。ふたりでいるときにリックは言いました。「僕の友人たちには未来がある。それなのに僕は死を待つしかないんだ」。私は何を言っていいのかわかりませんでした。多くの言葉を語っても無意味だとわかっていました。だから何も言わずに片方の手で彼の手を取り、もう一方の手を彼の額に置きました。涙でいっぱいの彼の目をのぞきこみ、私は言いました。「リック、怖がらないで。怖がらなくていいんだよ。神はきみの近くにいる。私がきみのそばにいるよりずっと近くにね。きみに残されている時間は、きみの人生の中で最も大切な時間なんだ。きみにとってだけでなく、きみを愛しきみに愛されている私たちみんなにとっても」。そう言っているうちにリックの身体の緊張がほぐれ、涙の中から微笑が浮かびました。リックは言いました。「ありがとう、ありがとう」。そして腕を伸ばして私を抱き寄せると、耳もとでささやきました。「僕はきみが言っていることを信じたい。本当に信じたいんだ。だけど、とても難しいんだよ」。

リックや彼と同じように死んでいく多くの若者たちのことを考えるとき、私の中のすべてが抵抗し、騒ぎ立てます。エイズと闘う人々が負け戦をしていると考えるのは誘惑であることを、私は知っています。あらん限りの信仰を奮い立たせ、この人たちの死が実りをもたらすこと、彼らは確かにやがて来る世代の親になるよう招かれているのだということを、私は信じています。

よりよく死ぬという選択

死と親しむために、私たちは神の子で、すべての人と兄弟姉妹であり、来るべき世代の親であるということを、しっかり確信しなければなりません。そうしていく中で私たちは死をその不条理さから解き放ち、新しい命への門とするのです。

私たちの社会では、子ども時代とはそこから卒業すべきものであり、戦争や民族間の紛争は人間が兄弟姉妹であるという考えを嘲笑うものであり、最も重きが置かれているのは、与えられているわずかな時間で成功を収めることです。そんな社会の中では、死が何かの入り口であることなど到底ありえないように思えます。

それでもなお、イエスは私たちのためにこの道を開いてくださいました。イエスの生き方と死に方を選ぶとき、私たちは使徒パウロが嘲りとともに死に問いかけた言葉をもって、自分の死と向きあうことができます。「死よ、お前の勝利はどこにあるのか。死よ、お前のとげはどこにあるのか」（Iコリント15・55）。これはひとつの選択ではありますが、困難を伴う選択です。私たちを取り囲む闇の力は強く、私たちの考えや言葉や行動は、死への恐れにたやすく支配されてしまうからです。

しかし、私たちはイエスがなさったように、死と親しむという選択をすることができます。最後には実を結ぶと信じつつ、神から愛されている子どもとして人々と連帯して生きるという選択をすることができます。死すべき運命に直面した男性女性として、私たちは兄弟姉妹が死の闇を払いのけるのを助け、彼らを神の恵みの光へと導くことができます。

それでは次に、ケアというテーマに目を向けましょう。

第二部　よりよくケアすること　人間であることの核心

死に親しむことは一生をかけて取り組んでいく霊的な課題ですが、仲間たちとの人間関係にさまざまなニュアンスをもって深い影響を及ぼす課題でもあります。自己理解を一歩一歩深めることは、人生を分かちあう人々に私たちをいっそう近づけていきます。死にはとげがないという真実を生きるようになるとき、その真実が発見できるように他の人を導く賜物を、私たちは自分の中に見出すようになります。これらのうちの一方を先にして、もう一方をそのあとにするというのではありません。自分の死に親しむことと、他の人が各々自分の死に親しむのを助けることとは、切っても切れない関係にあるのです。神の霊の領域において、生きることとケアすることとはひとつなのです。

私たちの社会では、ケアすることと生きることはまったく別の問題と見なされ、ケアというものは主として特別な訓練を受けた専門家がするものと考えられています。確かに訓練は重要ですし、ある人々には自分の専門職をしっかり果たすために準備が必要ではあります。しかしケアするということはすべての人の特権であり、人間であることの核心にあるのです。「専門職(プロフェッション)」という語の元来の意味を調べてみると、それは自分の奥底にある確信を表明する(プロフェス)ことを意味します。したがって生きることとケアすることとのあいだには、本質的な霊的一体性があることが明らかです。

続く三つの章では、死を迎える人々のケアについて考察します。死に直面している人へのケアは、何よりもまず、私たちの仲間であるその人が自分の死と親しむのを助けることである、と私は考えます。私たちは自分の死と親しめば親しむほど、真に人々をケアできるようになるのだということを、これらの考察の中で明らかにできればと願っています。本書の最初の三つの章と並行して、ケアとは、彼らが――私たちと同じように――神の子であり、互いに兄弟姉妹であり、来るべき世代の親であるという霊的真理を自覚できるように他の人たちを助けることである、と私は考えています。

第四章　あなたは神の子です

この本を書き始める一〇日前に亡くなったモーリス・グールドは、私がデイブレイクで最初に出会った人のひとりです。彼は、私が最初の一週間を過ごした「グリーンハウス」のメンバーでした。モーはダウン症をもって生まれました。長いあいだ両親と姉とともに暮らし、そこで愛され、大切にされてきましたが、四〇代前半になってデイブレイクにやって来ました。二年前、モーはアルツハイマーの症状を示すようになりました。そのときから亡くなるまで、共同体の人々はアルツハイマーの患者が特別に必要とするケアを行いました。医者から、モーは長くは生きられないので、彼に死の準備をさせ、私たちも彼の死に備えるようにと言われました。

モーと親しい人たち――家族、友人、グリーンハウスで生活をともにしている人々――にとって、モーのケアをすることは大きなチャレンジとなり、それは痛みと喜びを同時に伴うものでした。モーは記憶や相手を認識する能力、方向感覚、自分で食事をする能力を失っていくにつれて不安を募らせ、それまでの陽気さを失っていきました。彼が完全に他人に依存し、私たちの手に余るほどの助けが必要な状態になっていくのを見るのはつらいことでした。モーは最終的に近所の病院に入院することになり、グリーンハウスのメンバーが彼の生涯の最後の数か月を見守りました。

モーについて私の記憶に最も残っているのは、彼が惜しみなく抱擁してくれたことです。モーはしばしば私を抱きしめようと、両手を差し出して近寄ってきました。そして私を抱きながら、耳もとで「アメイジング・グレイス」とささやくのです。これは自分の大好きな歌を一緒に歌ってほしいという合図なのでした。私はまた、モーがダンスをするのが大好きで、食べることも、他人の真似をしてみんなを笑わせることも好きだったのを覚えています。私の真似をするときは眼鏡を逆さまにして鼻の上にのせ、大げさな身振りをしました。

共同体から遠く離れたフライブルクでモーのことを思い出していると、モーが神の子であったこと、そして今ではよりいっそう神の子となったことが、ますます強く感じられます。モーの友人はみな彼の「第二の子ども時代」の近くにいることができたおかげで、大きな忍耐と惜しみない愛をもって彼をケアすることができたのでした。

モーの病気——ダウン症とアルツハイマー病——は、私たち自身がみないつか何らかの形でたどらなければならない旅路を、印象深く見せてくれました。それにしても、その旅の終わりに私たちは何を見るのでしょう？　人間としての能力を何もかも失った人を見るのでしょうか。それとも、かつてないほど神の子となった人、神の恵みを運んでくる人を見るのでしょうか。モーが何度も私の目を見つめて「アメイジング・グレイス」と言ったときのことを、思い出さずにはいられません。私はその歌をうたう用意がいつもできていたわけではなかったので、「それじゃモー、この次にね」とたびたび答えたものです。モーが逝ってしまった今も、「アメイジング・グレイス、アメイジング・グレイス」と繰り返しささやく彼の声が聞こえてきます。モーの人生の神秘とすべての人々の神秘を、神がこうして私に告げているのです。

　デイブレイクにいる人の多くは、共同体の外にいる人たちの大部分ができることができません。ある人は歩けず、ある人は話せず、ある人はひとりで食べることができず、ある人は本が読めず、ある人は数が数えられず、ある人は服を着ることができず、何人かはこれらのことがいずれもできません。治ることを期待している人は誰もいません。ただ、年を取れば取るほど困難が増していくこと、障がいのある人とない人との差が徐々に縮まっていくことは知っています。私たちは最終的には何に向かって進んでいるのでしょうか。能力が衰え、肉体が塵に返るだけなのでしょうか。あるいはモーがいつも歌いたがっていた驚くべき恵み（アメイジング グレイス）の生きた証しとなっていくのでしょうか。

私たちはこの両極のどちらかを選択しなければなりません。自分自身や他の人たちの衰えゆく能力を神の恵みへの入り口と見なすことは、信仰の選択です。その選択の土台となるのは、イエスの十字架を敗北としてだけではなく勝利として、破滅としてだけではなく新しい命として、すべてを奪われた裸の状態としてだけではなく栄光として見るのだという確信です。愛された弟子ヨハネがイエスを見上げ、槍で貫かれたその脇腹から流れ出る血と水を見たとき、彼はすべてが終わったという証拠以上のものを見ました。ヨハネが見たのは、「彼らは、自分たちの突き刺した者を見る」という預言の成就でした。彼は死に対する神の勝利、神の驚くべき恵みのしるしを垣間見たのです。ヨハネは次のように書いています。「それを目撃した者が証ししており、その証しは真実である。その者は、あなたがたにも信じさせるために、自分が真実を語っていることを知っている」（ヨハネ19・35）。

　これは信仰の選択です。それは、身も心もすっかりアルツハイマー病に冒されたモーが、その臨終と死を通して驚くべき恵みをもたらしてくれたと私たちが言うときに、私たちがなす選択です。それは、死にゆく人々を、神から愛されている子らが受けるにふさわしい優しさといつくしみをもってケアするときに、私たちがなす選択です。それは、貧しい人、依存症の人、エイズやがんに冒された人の中に、イエスの顔を見ることができるようにさせてくれる選択です。それは、イエスの霊に触れられ、死に直面した人々のいるいかなる場でもその霊を見ることのできる人間の心の選択です。

私は先日、キリスト教の団体が運営するいくつかの知的障がい者ホームの管理責任者たちの会合に出席しました。その人たちの話によれば、この自由市場経済の社会において、人間のケアは需要と供給の観点で語られるとのことです。この文脈で考えると、苦しんでいる人々はケアの買い手、ケアの専門家たちはケアの売り手、ということになります。こうした言葉の使い方とその根底にあるものの見方は、日々巨額の取引が行われている競争社会において、人間をひとつの商品に過ぎないものとしてしまうように思えてなりません。このような言葉の使い方をするときに選択されたものの見方は、モーリス・グールドのような人たちの臨終と死をたたえて祝うよう私たちを励ましてくれるものではもはやありません。驚くべき恵みは、たいして驚くほどでもないビジネスの要件に置き換えられてしまうのです。

ここで私が言うケアとは、愛を込めて他者に注意を払うことです。私たちがそうするのは、その人が生き続けるためにケアを必要としているからではなく、誰かが、あるいは保険会社がその費用を支払っているからでもありません。ケアが職を提供してくれるからでもなければ、死を早めることが法律で禁じられているからでもなく、医学の研究のためにその人が役立つからでもありません。その人が私たちと同じように神の子であるから、私たちはそうするのです。

徐々に弱り、死に近づいていく人をケアすることは、その人が自分の最も深い召命——その人本来の姿、すなわち神の娘、神の息子にいっそう近づくこと——を完全に果たせるように手助けすることです。それはその人が、とりわけ臨終のときに、真に神の子となることを要求し、「アッバ、父よ」（ガラテヤ４・６）と叫ぶ神の霊を心から発することができるように手助けすることです。死にゆく人をケアするとは、「あなたは神の愛する娘、神の愛する息子」と言い続けることです。

では、どのようにすればこれを伝えることができるのでしょうか。数えきれないほど多くの方法があります。言葉、祈り、祝福を通して。優しく触れ、相手の手を取ることを通して。身体を拭き、食事をさせることを通して。相手に耳を傾け、ただそこにいることを通して。これらの方法には、役立つものもあれば役立たないものもあるかもしれません。しかしこれらはみな、「あなたは神の目に尊い」という確信を相手に伝える方法なのです。心をこめて付き添うことを通して、私たちはひとつの聖なる真実を告げ知らせます。死ぬということは甘く感傷的な出来事ではなく、自分の命を完全に引き渡す大きな闘いなのだ、と。この引き渡しは、人間が自然に行えることではありません。まったくその逆です。残されているものが何であれ、私たちはそれにしがみつこうとします。臨終に直面した人が非常に苦しむのはこのためです。イエスがそうであったように、死にゆく人は完全な無力を経験することがよくあり、それは拒絶され見捨てられたためだと感じます。「わが神、わが神、なぜわたしをお見捨てになったのですか」（マタイ27・46）という苦悶の叫びがしばしば妨げとなり、「父よ、わたしの霊を御手にゆだねます」（ルカ23・46）と言うのが難しくなってしまうのです。

モーもこの苦悶を免れることはできませんでした。もとから限定されていた自分の生活をコントロールする能力がアルツハイマー病によってさらに取り去られるにつれて、彼の中の苦悩が増していきました。モーはしばしば苦しみのあまり叫び声をあげ、ひとりでいることの恐れは日増しに強くなっていきました。夜中に起きて、作業をしにいこうとすることがたびたびありました。かろうじて発することのできた最後の言葉のひとつは「僕の名前を呼んで……僕の名前を呼んで」でした。

モーの恐れは、私の恐れと何の違いもないものでした。それは人から拒絶され、ひとり取り残される恐れ、人のお荷物あるいは邪魔者とされる恐れ、笑い者にされ、役立たずと思われる恐れです。それはどこにも属させてもらえず、破門され、ついには完全に見捨てられるという深い恐れです。知的障がいのある人々を深く知れば知るほど、その人たちの最も深い苦しみは、読めないこと、学習できないこと、話せないこと、歩けないことにあるのではなく、人から拒絶され、人の重荷となることへの深い恐れにあるのだと確信するようになりました。この点で、彼らは私と何ら変わりがありません。私たちの最も大きな苦しみは、自分が愛される存在だという感覚を失い、価値のない無用な存在としか思えなくなることから生じるのです。

他者をケアするとは、何よりもまず、その人が自己否定への強い誘惑を克服できるよう助けることです。金持ちか貧乏か、有名か無名か、障がいがあるかないかにかかわりなく、私たちの誰もが、ひとり取り残され、見捨てられることへの恐れを抱いています。私たちの落ち着き払った仮面の裏に、その恐れが隠されているのです。その恐れは、人から好かれず愛されないという可能性よりずっと深いところに根ざしています。その恐れの最も深い根は、まったく愛されず、永続する何ものにも属することができず、無の闇に飲み込まれてしまう可能性――そうです、神に見捨てられる可能性の中にあるのです。

それゆえ、ケアするとは、人々がこの究極の闘い――死が近づくにつれていっそう現実となり激しさを増す闘い――のさなかにいるときに、その人とともにいることです。死への過程と死は、私たちが愛されない存在であり、最後には灰と化してしまうという恐れを、常に新しい力をもってかきたてます。ケアするとは、死にゆく人の傍らに立ち、その人が神の愛する子であることを思い起こさせる、生ける存在となることです。

十字架のもとに立つマリアの姿には、その意味でのケアが最も感動的な形で表現されています。マリアの息子は苦しみのうちに死にました。彼女はそこに立っていました。何も語らず、何も嘆願せず、涙も流さずに。彼女はそこに立っていました。息子を自分のもとに留めておくことはできないけれども、彼の真の父は御父なのであり、御父は真の息子を決してひとりきりにはなさらないということを、マリアは沈黙のうちに佇(たたず)むことによって息子に思い起こさせました。イエスがご自分の語った言葉を思い起こすことができるように、手助けしたのです。「だが、あなたがたが散らされて……わたしをひとりきりにする時が来る。……しかし、わたしはひとりではない。父が、共にいてくださるからだ」（ヨハネ16・32）。御父に見捨てられたという経験を乗り越え、御父の腕の中にご自分をゆだねることができるようにと、マリアはイエスを勇気づけました。彼女がそこに立っていたのは、息子の信仰を強めるためでした。闇の只中にいて拒絶されたという思いと敗北感しか感じることができないとき、それでもなお自分は御父から愛されている息子であり、御父は自分を決して見捨てないという信仰を強めるためでした。このような母親らしいケアがあればこそ、イエスは拒絶されたという思いをもたらす悪魔の力との闘いに、最終的に勝利することができたのです。イエスは見捨てられたと感じる誘惑を払いのけ、ご自身のすべてを神にゆだねられました。「父よ、わたしの霊を御手にゆだねます」（ルカ23・46）。

私たちもマリアのように人をケアすることができるでしょうか。自分ひとりの力では、決してできないと思います。マリアでさえ、ひとりではありませんでした。イエスから愛された弟子ヨハネが、一緒に十字架のもとに立っていました。苦悩の中にいる相手に、神の子として生きる「子ども時代」を思い起こさせることは、ひとりではできません。闇の力は強く、私たち自身も容易に闇の中に引きこまれ、強い懐疑心に飲みこまれてしまうかもしれません。死に直面した人の傍らに立つことは、信仰の激しい闘いに参加することです。それは決してひとりで引き受けてはなりません。自分ではそれと気づかぬうちに、死にゆく友人の苦悩が自分の苦悩になり、私たちも友人が闘っている闇の力の犠牲者になりかねないからです。私たちは無力感、懐疑心、そして普段は気づかずにいる、早くすべてが終わってほしいという願望と結びついた自責の念に圧倒されてしまいます。

そうです。私たちは決して自分ひとりで相手をケアしようとしてはなりません。ケアは忍耐力のテストではありません。私たちはできる限り、他の人たちと一緒にケアに当たらなければなりません。ケアの共同体こそが、死にゆく人に自分が愛されている存在であることを気づかせることができるのです。マリアとヨハネ、ローリーとカール、ロレッタとデイヴィッド、キャロルとピーター、ジャニスとチェリル、ジェフとキャリー、ロレンゾとその他多くの人というように、十字架のもとでともに立つ人たちこそが、「あなたは今もいつも、神の愛する子」と言うことができるのです。死にゆく友を囲む愛の輪こそが、自己否定と自暴自棄という悪魔の力を払いのける力を持ち、闇の只中に光をもたらすのです。私はモーをめぐってこうしたことが起こるのを見ました。また、エイズを患う人々の共同体で、がん患者支援のネットワークで、こうしたことが起こるのを見ています。愛の共同体として、ケアする者の共同体として、私たちは死に直面した人々の近くに集まり、新しい希望、新しい命、生きようとする新しい力を見出すことができます。そこには、微笑みやさまざまな物語、新しい出会い、支援のための新しい知識、沈黙と祈りの美しいひとときがあります。そこには、やがて訪れる死を忍耐強く待ちながらともに集う人々への贈り物があります。私たちはともに心を合わせることで、死にゆく友が安心感を味わい、徐々にすべてを手放して、自分が愛されていると感じる中で死を経て新しい命へと移っていく場を作り出すことができます。

心を合わせてケアをすることは、共同生活の基本です。私たちが一緒になったのは、互いに慰めあい、支えあうためだけではありません。それも大切かもしれませんが、長い時間をかけて作り上げる共同生活は、別の方向に向けられます。私たちは心を合わせて、周囲に手を差し伸べます。私たちは心を合わせて、ケアを必要としている人々に目を向けます。私たちは心を合わせて、苦しんでいる兄弟姉妹を安らぎと癒やしと安心の場へと連れていきます。

互いに相手だけを見つめるのではなく、自分たちの小さな世界を越えてより大きな世界に目を向けるときに初めて、人は自分を相手に捧げることができるということに、私はいつも感銘を受けています。恋をすると、私たちは互いに感嘆と優しさをもって相手を見つめるようになります。互いに愛をもって自分自身を相手に捧げるようになると、私たちのケアを必要としている人たち——子ども、よそから来た人、貧しい人、死に直面している人——に、ふたり一緒になって目を向けることができるようになります。こうした関与が、すべての共同体の中心にあります。

私自身が属する共同体、トロントのラルシュ・デイブレイク共同体について考えるとき、お互いに対しての誠実さを保たせてくれているのは、知的障がいのある人々へのケアという私たちに共通の関与であることを、私は日増しに実感しています。私たちは心を合わせてケアをするために呼ばれたのです。共同体の誰であれ、障がいのあるどのメンバーのケアもひとりではできません。それは肉体的に不可能であるばかりでなく、私たちを感情面でも精神面でも消耗させてしまうでしょう。けれども力を合わせるなら、ケアを受ける者にとってだけでなくケアをする者にとっても有益な場を作り出すことができます。この場では受ける者と与える者との区別がなくなり、真の共同体が生まれ育っていくことが可能となります。共同体の最も弱いメンバーたちにとって、ケアをする者たちが力を合わせることは欠かせません。彼らは私たちにこう語りかけてきます。「僕が生きるためにはね、皆さんが僕だけを愛するんじゃなくて、互いに愛しあってくれなくちゃだめなんだよ」。

長年にわたる共同体の生活を振り返るとき、「調子のよいとき」は共同のケアが活気に満ちている状態、「調子が悪いとき」は内輪の問題だけで手いっぱいになっている状態と密接に関係していることが、容易に見てとれます。最も観想的で最も人目から隠されているように見える共同体でさえ、それが生き生きとした健全な状態でいられるのは、共同体の生活がその狭い境界を越えて外に向けられているときだけなのです。祈りと黙想に捧げられた生活でさえ、一緒になって他者のケアをするという要素を常に保つ必要があります。ともにケアするというこの神秘は、共同体を必要とするだけでなく、共同体を作り出していくのです。

モーのケアをした人たちは彼の死後、彼のおかげで以前よりも絆が強まったことに気づきました。ちょうど死にゆくイエスがマリアには息子を、ヨハネには母を与えてふたりを近づけたように、モーも自分の友人たちを、同じ神の娘と息子として互いに近づけてくれたのです。死にゆく人への真のケアがなされるときは必ず、愛の共同体を作り出す絆が新たに認識されます。

「フライング・ロッドリー」はドイツのサーカス、ジモナイトバールムで空中ブランコの演技をしている芸人たちの集団です。二年前、このサーカスがフライブルクに来たときに、友人のフランツとレニーが私と父をそのショーに招待してくれました。芸人たちが空中を舞い、華麗なダンサーのように飛び、受け止めるのを初めて見てすっかり心を奪われたことを、忘れることはできません。翌日、私は彼らに会うためにもう一度サーカスに行き、彼らの大ファンであると自己紹介しました。彼らは練習を見学させてくれたり、招待券をくれたり、夕食に招いたりしてくれました。また、近いうちに一週間ほど彼らの巡業に同行しないかと誘われ、私はそうさせてもらいました。そして私たちは親しくなりました。

ある日、私はトレーラーの中で、座長ロッドリーと空中を飛ぶことについての話をしていました。ロッドリーは言いました。「私は飛び手なので、受け手を完全に信頼しなくてはならないんだ。観客は私が空中ブランコのスターだと思っているかもしれない。でも、本当のスターは受け手のジョーなんだよ。私が大きなジャンプをするとき、ジョーは瞬時の判断で寸分の狂いもない位置に移動して、空中で私をつかまえてくれるんだ」「それはどうすればうまくいくの？」私はたずねました。「秘訣はね、飛び手は何もしないこと。受け手がすべてをしてくれるんだ。ジョーのほうに向かって飛ぶとき、私がするのはただ腕と手を伸ばして、ジョーが私をつかまえ、ブランコの向こうの舞台上にしっかり引き上げてくれるのを待つだけだ」。

「あなたは何もしないって⁉」私は驚きました。「そう、何も」、ロッドリーが繰り返しました。「最悪なのは、飛び手が受け手をつかもうとすることなんだ。私はジョーをつかもうとしてはならないことになっている。もし私がジョーの手首をつかんだりすれば、それを折ってしまうかもしれないし、逆にジョーが私の手首を折ってしまうかもしれない。そうしたらふたりともおしまいだ。飛び手は飛ぶ、受け手は受ける。それだけだ。飛び手は腕を伸ばして、受け手が自分のためにそこにいてくれることを信じるんだ」。

ロッドリーが確信をこめてこう語ったとき、イエスの言葉が私の頭をよぎりました。「父よ、わたしの霊を御手にゆだねます」。死ぬとは、受け手を信頼することです。死にゆく人をケアするとは、「恐れることはありません。あなたが神の愛する子であることを思い出してください。あなたが大きなジャンプをするとき、必ず神がそこにいてくださいます。神をつかもうとしてはなりません。神があなたをつかんでくださるのですから。ただ腕と手を伸ばして信頼しなさい、信頼です、信頼するのです」と言うことです。

第五章　あなたがたは互いに兄弟姉妹です

ある日、私の親しい友人であるサリーが言いました。「夫のボブが亡くなって五年になるので、子どもたちと一緒にお墓参りをしたいと思うの。一緒に来てくださらない？」「もちろん、喜んで」と私が答えると、彼女はこれまでのことを話してくれました。ボブは心不全で急死し、サリーは突然、当時四歳と五歳だったミッチェルとリンジーを父親の死にどう対処させるかという難しい問題に直面することになったというのです。当時サリーは、父親が地面の下に降ろされ砂で覆われるのを見るのは、子どもたちにとってあまりにも残酷だろうと感じました。「あの子たちは幼なすぎて理解できないだろう」とサリーは思ったのです。

年が経つにつれて、サリーとリンジーとミッチェルにとって墓地は恐ろしいところになってしまいました。サリーは直感的に、このままではいけないと思いました。そこで、私を誘ってボブの墓に行くことにしたのです。リンジーには具体的な父親の記憶があったので、まだ怖くて行けそうになく、ミッチェルだけを連れていくことになりました。

それはよく晴れた美しい日でした。私たちはまもなくボブの墓を見つけました。簡素な墓石に「親切で優しい人」と刻まれていました。墓石の周りの草の上にすわって、サリーとミッチェルはボブのことを話してくれました。ミッチェルは父親とキャッチボールをしたときのことを覚えていました。ミッチェルの記憶があやふやになると、サリーがそれを補いました。私はただ質問するだけでした。

やっとくつろいできたころ、私は提案しました。「ここでピクニックをしたらいいんじゃないかな。食べ物や飲み物を持っていつかまたみんなでここに来て、お墓の周りでボブが生きていたことのお祝いができたらなあ。ボブのことを思い出しながら、一緒に食事ができたらいいよね」。これを聞いたサリーとミッチェルは、初めのうち戸惑っていましたが、やがてミッチェルが言いました。「うん、いいんじゃない？　そしたらきっとリンジーも一緒に来るよ」。

サリーとミッチェルは家に帰ってから、墓地は少しも怖くないしとてもよかったとリンジーに話しました。数日後、リンジーはお墓に連れていってほしいとサリーに頼み、彼らは出かけていって、そこでボブの話をしました。ボブは徐々に見知らぬ人ではなく新しい友人となり、墓でピクニックをすることが楽しみになっていきました。そういえばイエスもまた、食事をしながら自分を思い出すようにと、弟子たちに求めたのでした。

この話は、私たちがいかにたやすく故人と距離をおくようになってしまうか、いかにたやすく故人を恐ろしい他人──思い出したくないこと、特に私たちの死すべき運命を思い出させる、恐ろしい他人──と見なすようになってしまうかを、物語っています。しかし同時に、私たちがいかにたやすく故人を生きている人の輪の中に連れ戻すことができるか、いかにたやすく故人を優しい友人──私たちが自分の死と向きあうのを助けてくれる、優しい友人──とすることができるかをも物語っています。

私たちは人が死ぬのをどのくらいの頻度で見るでしょうか。死んだ人をどのくらいの頻度で見るでしょうか。墓の中に降ろされた柩の上に砂をかけることは、どれだけあるでしょうか。墓地へ行き、伴侶、親、兄弟姉妹、伯父伯母、友人が埋葬されている場所の前に立ち、ひざまずき、あるいはすわることは、どれだけあるでしょうか。私たちは故人と今でもつながりを持っているでしょうか。それとも、過去の人々は存在していなかったかのように、私たちは自分の人生を生きているのでしょうか。

父が住んでいるゲステレンというオランダ南部の小さな村では、死者は人々の日常生活の一部となっています。村の中心の広場の近くにある墓地は、手入れの行き届いた美しい庭園です。門はペンキが剝げればすぐに塗り直され、植え込みはきれいに刈り込まれ、歩道は掃き清められ、ひとつひとつの墓はよく手入れされています。墓の十字架や墓石は、いつも花々や常緑植物で飾られています。墓地は訪問者が喜んで迎えられ、心地よく過ごせる場所のように感じられます。村人たちは自分たちの墓地を大切にし、たびたびそこへ行って祈り、世を去った家族や友人たちとともに時を過ごします。村の教会では礼拝のたびに「墓地で安らう人々」を覚え、共同体の祈りの中で祈ります。

ゲステレンにいる父を訪ねるときはいつも、私はこの小さな墓地に行きます。入り口付近の左側に母の墓があり、茶色の簡素な木の十字架には母の名前と誕生日と命日が白い文字で書かれています。十字架の前には、母の眠っている場所を縁取るように常緑植物が植えられ、最近植えたすみれが中心を覆っています。この簡素な墓の前に立ち、十字架を見つめ、墓地を囲む背の高いポプラの木の葉が風に吹かれて奏でる音楽を聴くとき、私はひとりではないのだと実感します。母がそこにいて、私に語りかけてくれるのです。霊となって出現するのではなく、神秘的な声が聞こえるわけでもありませんが、一四年前に亡くなった母が今も私と一緒にいるのだということが、心の中ではっきりとわかるのです。この美しい墓地の孤独に包まれて、母が私に話しかけるのが聞こえます。自分自身の旅路を忠実に歩みなさい、そしていつの日か死によって私と一緒になるのを恐れないように、と。

母の墓の前に立っているうちに、私を取り囲む亡くなった人々の輪が広がっていきます。私はそこに埋葬されている村の人々だけでなく、自分の家族や友人たちにも囲まれているのです。その輪はさらに広がり、言葉や行動をもって私の人生や考えを形づくってくれた人々の輪へとつながっていきます。そしてさらに、名前すら知らないけれど、自分に与えられた唯一無二の道を歩み、人間としての痛みと喜びを私と分かちあっている無数の男女の輪へと広がっていきます。

ゲステレンの小さな墓地のポプラの木は、遠く離れた地も含め、至るところに埋葬された人々のために歌ってくれます。私の母と同じように懇ろに葬られた人もあれば、ぞんざいに埋められて忘れ去られた人もあるでしょう。多くの人は共同の墓に投げ入れられ、その場所を知る人はほとんどなく、誰も祈りに来ません。こうした人たちすべてのために、ポプラの木は歌います。この墓地に立っていると、このすべての人々と同じように私も人間であり、同じように死へと召されているのだということに、感謝の念が湧いてきます。

私たちは人間というひとつの家族の兄弟姉妹であり、文化、言語、宗教、生活様式、職業が違っていても、私たちを愛してくださる神の御手にすべてを任せるように呼ばれているのだと心から知ることは、なんと大きな恵みでしょう。亡くなった多くの人とのつながりを感じ、その絆からあふれ出る喜びと平和を発見することは、なんと大きな恵みでしょう。この恵みを体験するとき、死にゆく人をケアすることの意味が、新たな形で見えてきます。それはその人たちを、死にゆく多くの人やすでに亡くなった多くの人とつなげることであり、私ことなのです。

たちの短い人生の限界をはるかに超えた親しい絆を、その人たちに見出させる手助けをすることなのです。

サリーとミッチェルと一緒にボブの墓を訪れたり、ゲステレンの墓地の母が埋葬されている場所に静かに佇んだりすることによって、死にゆく人はみな、この地上のすべての男女との深い一致を知るべきだという私の確信は強まりました。今生きているかずっと昔に生きていたか、近くに住んでいるか遠くに住んでいるか、血縁であるか否かにかかわらず、私たち人間はみな家族の一員なのです。私たちは兄弟であり姉妹であり、死ぬということはお互いの一致のうちに死ぬことなのです。

しかし、周りの世界を見るとき、ひとつの疑問が起こります。私たちは本当に兄弟姉妹として生きているでしょうか。新聞やテレビは、人間が互いに争い、拷問しあい、殺しあっているることを、毎日のように見せつけてくれます。世界の至るところに、憎しみ、暴力、虐待がはびこっています。強制収容所の時代ははるか昔のことになり、第二次大戦中に起きたようなホロコーストは人間的見地からもはや起こりえないという幻想の中に、私たちはしばらくのあいだ生きていました。しかし今日起こっていることは、私たちが過去の出来事からほとんど何も学んでいないという事実を暴露します。人類の本当の罪は、兄弟姉妹として創造された人々が繰り返し敵同士となり、互いに相手の命を破壊しようとしていることです。

神は真の人間的秩序を回復するために、イエスを送られました。イエスは贖い主と呼ばれています。彼は私たちの罪を贖い、私たちが神の息子であり娘であること、すなわち互いに兄弟姉妹であるという真実を私たちに悟らせるために来られました。イエスはどのようにして私たちを罪から贖ってくださったのでしょうか。それは、私たちのひとりになることによって――私たちのように生まれ、私たちのように生き、私たちのように苦しみ、私たちが死ぬように死ぬことによって、です。本当に、イエスは私たちの兄弟となり、私たちとともにいる神となってくださったのです。神の天使がナザレを訪れ、夢の中でヨセフに言いました。「ダビデの子ヨセフ、恐れず妻マリアを迎え入れなさい。マリアの胎の子は聖霊によって宿ったのである。マリアは男の子を産む。その子をイエスと名付けなさい。この子は自分の民を救うからである」。そして福音記者マタイはさらに付け加えました。「このすべてのことが起こったのは、主が預言者を通して言われていたことが実現するためであった。『見よ、おとめが身ごもって男の子を産む。その名はインマヌエルと呼ばれる。』この名は、『神は我々と共におられる』という意味である」（マタイ1・20―23）。

神が私たちとともにいる神、私たちの兄弟となったのは、私たちがすべての人々と兄弟姉妹であることを願い求めるようになるためです。これがイエスの物語であり、私たちの贖いの物語です。神はイエスにおいてイエスを通して、私たちの生だけではなく死をも分かちあいたいと思われた――これがこの物語の核心です。イエスの死は、私たちとともにいる神でありたいという神の望みの最もラディカルな表現です。死すべき運命ほど人間を似た者同士にするものはありません。私たちに共通する死すべき運命は、私たちには差異があるという錯覚、多くの分裂の誤り、互いに抱きあう敵意の罪深さを示してくれます。私たちとともに私たちのために死ぬことによって、イエスは私たちの錯覚を払いのけ、分裂を癒やし、罪を赦し、私たちが互いに兄弟姉妹であることをふたたび見出せるようにしたいと望まれました。私たちの兄弟となることによって、イエスは私たちがふたたび互いに兄弟姉妹となれるようにしたいと望まれました。罪のほかは、すべて私たちと同じようでありたいと望まれました。このためにこそ、イエスは私たちのために死んでくださったのです。私たちと同じように死すべき運命にある者として、イエスは私たちが互いに恐れのうちに生きるのをやめ、互いに愛しあうよう招いておられます。そしてこれは単なる望み以上のものでした。それはイエスが私たちに与えた掟でした。なぜならそれは人間であることの本質であるからです。イエスは言われました。「わたしがあなたがたを愛したように、互いに愛し合いなさい。これがわたしの掟である。友のために自分の命を捨てること、これ以上に大きな愛はない。わたしの命じることを行うならば、あなたがたはわたしの友である。もはや、わたしはあなたがたを僕(しもべ)とは呼ばない。僕は主人が何をしているか知らないからである。わたしはあなたがたを友と呼ぶ。父から聞いたことをすべてあなたがたに知らせたからである。……互いに愛し合いなさい。これがわたしの命令である」（ヨハネ15・12—17）。

神が私たちとともにいる神となったということの偉大な神秘は、死にゆく人をいかにケアするかという問題に決定的な示唆を与えてくれます。神が私たちとともに私たちのために死ぬことを望んでおられるのですから、私たちも相手とともに相手のために死ぬ覚悟がなければなりません。しかし残念なことに、死とは他の人から引き離されることであると私たちはまず考えます。死とは別離。他の人を残してこの世を去ること。かけがえのない関係の終わりであり、孤独の始まりであると考えます。確かに、私たちにとって死は、まず第一に別れであり、しかも取り返しのつかない別れです。

しかしイエスは、私たちの死がもはや単なる別れでなくてすむようにと死んでくださいました。イエスの死によって、私たちの死が一致と交わりの道となる可能性が開かれたのです。これは私たちの信仰がもたらしうる決定的な転換ですが、この転換は決して自然に起こるものではありません。それが起こるためには助けが必要です。

死にゆく人をケアするということは、その人が自分の死を、訪ねてくる家族や友人たちを集めるひとつの方法として生きることができるように助けるだけではありません。生きている人も死んだ人も含めて、すべての人々を集める方法として生きることができるように助けるのです。人がひとりで死ぬのはよくないと言うとき、私たちはひとつの深い神秘に触れます。死ぬとき、私たちはそれまでよりもいっそう人々と交わる必要があります。私たちの生から死への移行は、他のいかなる移行よりも他者とともになされる必要があるのです。

　このことはあまりにも明白なため、死の瞬間に誰かとともにいることの大切さを疑う人はいないでしょう。死に関して私たちが最も恐れることのひとつは、ひとりぼっちで死ぬかもしれないということです。私たちは誰かに手を握ってほしい、優しく触れて話しかけてほしい、一緒に祈ってほしい。そしてこれは私たちが他の人にしてあげたいことでもあります。

　しかしこのほかにも大切なことがあり、それはこれほど明瞭ではありません。ケアするとは、死にゆく友が他者とともに他者のために死ねるよう、優しく励ますことでもあるのです。ケアする私たちは、死に直面している友人の周りに、あらゆる時代の聖なる人々や罪びとたち――飢えている子ども、拷問を受けた囚人、ホームレス、放浪者、エイズ患者、すでに世を去った、あるいは今臨終を迎えようとしている無数の人々――を、なんとかして呼び集める勇気を持たなければなりません。初めのうち、これは厳しく残酷にさえ思えるかもしれませんが、実際はその反対です。そうすることによって、死に直面した友人は孤立感の中から救い上げられ、あらゆる人間の営みの中で最も人間的な営みの一部となるのです。自分が経験していることは、痛みは伴うものの、自分を何世紀にもわたる世界中の人類家族と一致させるのだ——死に直面している人がこれを理解し始めるとき、その人はすべてのものを手放すことができ、その人類家族に運ばれて、死の門を徐々に通り抜けることができるようになるのかもしれません。

こうした理由から、キリスト教では時の経緯とともに、臨終を迎える人に十字架を仰ぎ見ることをすすめるようになりました。フランスのコルマールにある一六世紀の有名なイーゼンハイムの祭壇画には、言語を絶する苦悶の中にある十字架上のキリストが描かれています。イエスの身体はペストの腫れものに覆われています。ペストで死んでゆく人々がこの苦しんでいるキリストを見上げたときに目にしたのは、自分たちとともに自分たちのためにはるか昔に死んでくださったイエスだけではなく、死に直面している自分の兄弟姉妹でもありました。そしてそこに慰めを見出したのです。彼らは悟りました。キリストが私たちのために死んでくださったように、私たちも自分の兄弟姉妹のために死ぬことができる。そうやって自分の死を人間の連帯の行為とすることができるのだ、と。

最近サンフランシスコで、エイズで死んでゆくイエスが磔にされた十字架を見ました。そこには、エイズで苦しんでいる世界中の男たち、女たち、子どもたちも描かれていました。それは見る人を怯えさせるためではありません。人々に希望を与えるためです。私たちの世紀の死にゆく人々はこの十字架を見上げ、希望を見出すことができます。

つまりケアとは、死を迎える人々がより大きな絵を見ないですむように守ることではありません。その逆です。自分個人の苦しい状態は、死すべき運命にある人間の基本的な在りようの一部であり、だからこそ他者とともにその状態を生きることができるのだという自覚を深めることができるよう、死を迎える人々を助けること。それがケアなのです。

今日、このようなケアは、エイズを病む人々の共同体の中で見ることができます。北米の諸都市では、若い人々が自分の病気を自分たちの連帯の中で、また死を迎えようとしている他者との連帯の中で生きることができるように、互いに支えあっています。この人たちがこの連帯を、神の私たちとの連帯の表現であると考えたり語ったりすることはほとんどないかもしれません。しかしそれでもなおイエスの死に倣って、より大きな人類家族との一致の中で死ぬことができるように、互いに助けあっているのです。

この視点から、死にゆく人へのケアについて、実際的な面で何か言うべきことがあるでしょうか。ひとつ言えることは、このように死に直面している人々は、ケアする側の多くが考えている以上に、人生の現実に向きあうことができるということです。私たちはこの世界の「暗いニュース」を、死に直面している人から隠そうとする傾向があります。静かで平穏な「安らかな」終わりを迎えてほしいと願うからです。そのために、他の病者や死の床にある人の話を避けようとしますし、世界の別の場所で起きている戦争や飢餓の犠牲者の話も避けようとしがちです。私たちは彼らを、人生の恐ろしい現実から引き離しておきたいのです。しかし、それがその人たちの役に立っているでしょうか。反対に、彼らが仲間との連帯の中で自分の病を生き、自分の死を、他者と分かちあう他者のための死とするのを妨げてはいないでしょうか。

病気、特に不治の病は、人の視界を狭くさせてしまう傾向があります。自分の病状の変化や自分の健康と関連した日々の出来事に、たちまちとらわれてしまうからです。たびたびなされる「具合はいかがですか」という質問は、自分の病状を――たいていは意に反して――繰り返し語るのを奨励することになってしまいます。

多くの人は大きな世界の一部でいることを望み、自宅や病院の外のことを聞いたり話したりするのを望んでいるのだと思います。私が事故にあって入院していたとき、見舞いに来てくれた人々が私のことではなく、私が心にかけている、私自身より大きなことを話題にしてくれたのがどれほどありがたかったことか、私はそれを鮮明に覚えています。事実、私は周りの世界から引き離されなかったことを、心から感謝していました。友人たちは、私が自分の病気にとらわれず、他の人々の苦しみを深く心にかけていると考えてくれたのでしょう。友人たちがそう考えてくれたことに、私は励まされ、力づけられました。人類家族の兄弟姉妹の、より大きな苦しみとつながれ、絶えずつながれていることは、私の身をすくませはしませんでした。それどころか、このつながりには癒やしの効果がありました。その癒やしは、子ども扱いされるのではなく、他者とともに苦しみを生きることができる成熟した大人として扱ってもらったことから得られたのでした。

私が言いたいのは、死に直面した人をケアするとき、世界のあらゆる不幸や悲惨さを彼らに話しさえすればよい、ということではありません。それは賢明ではなく、相手の助けにもならないでしょう。死に直面した友人たちに他者の苦しみを心配するよう勧めなさい、と言っているわけでもありません。私が言いたいのは、まさに次のことです。私たち自身が自分の死すべき運命と親しくなるならば、死に直面した友人たちを〈世界から〉引き離しておく必要はなく、彼らが、苦しみの中にある、より大きな人類家族と一致し続ける方法が直観的にわかるでしょうということです。ケアする私たちが死ぬことを恐れないならば、死に直面している人々をよりよく死に備えさせることができ、彼らを他者から引き離すのではなく、彼らと他者との一致を深めることができるでしょう。

数年前IMAX（アイマックス）という会社が「ブループラネット」という短編映画を作りました。スペースシャトルから撮影された映像によるこの映画は、巨大な凹面スクリーンで、四方から聞こえる音声とともに映写されました。観客は、まるで自分がスペースシャトルの中にいるかのように感じることができます。この映画の最もすばらしい特徴は、宇宙飛行士が見たものを私たちも見ることができる点です。それは私たちが住んでいる地球です。私たちは史上初めて、地球を遠くから見ることができたのです。地球を眺めていると、宇宙を移動していく青く美しい球体が私たちの故郷であるとわかります。私たちはこう言ってもよいでしょう。「見てごらん！ これが私たちの住んでいるところ、働いているところ、私たちの家族がいるところ。これが私たちの故郷。なんて美しい住みかだろう」。

この美しく壮大な青い惑星を私たちの故郷として眺めるとき、「私たちの」という語のまったく新しい理解が生まれます。「私たちの」とは、すべての人々——あらゆる大陸、あらゆる肌の色、あらゆる宗教、あらゆる民族、あらゆる年代の人々の、という意味です。スペースシャトルから眺めると、憎しみや暴力、戦争、抑圧、飢餓、相互破壊をもたらす多くの差異が、ばかばかしく思えてきます。私たちが同じ故郷を持ち、ひとつところに属し、現在だけでなく遠い将来もここに住み続けられるように、私たちの青く美しい惑星を大切に守っていかなければならないことは明白です。宇宙時代は、地上のすべての人々が基本的にひとつであるという意識と、互いを大切にしつつ力を合わせて自分たちの故郷を守るという共同の責任が育つ可能性をもたらしてくれました。私たちの青い惑星を遠くから眺めるとき、私たちは新しい意味合いをもって次の言葉を発することができます。「昔イエスがおっしゃったように、私たちは確かに兄弟姉妹なのです。私たちはみな、傷つきやすい存在として生まれました。私たちはみな、傷つきやすい存在として死んでいきます。よりよく生き、よりよく死ぬために、私たちにはお互いとこの美しい故郷が必要です」。

遠くから見た私たちの故郷の眺めは、私たちがひとりの神の子どもであり、互いに大切にするべき兄弟姉妹であることを深く心に留めながら生き、そして死ぬことを可能にしてくれるかもしれません。

第六章　あなたがたはやがて来る世代の親です

昨年の聖週間、トロントの下町で何人かの友人と食事をしているとき、私の秘書であり、六年来の親しい友であるコニー・エリスが急病で病院に運ばれたという知らせを電話で受けました。その日の午後遅くまで、彼女は私が復活祭後にヨーロッパに持っていく原稿を仕上げようと、一生懸命働いていていました。疲れて帰宅すると、急に眩暈がして不安感に襲われたというのです。幸い、義理の娘カーメンに電話をすることはまだできました。コニーの呂律のまわらない、何を言っているかほとんどわからない話を聞いて、カーメンはコニーの家に駆けつけました。

翌日の検査で、コニーは大きな脳腫瘍によって発作を起こしたことがわかりました。聖金曜日に、長時間にわたる手術を受けました。手術は「成功」したものの、左半身が麻痺してひとりでは歩けなくなり、常に転ぶ危険がありました。長期間にわたる放射線治療ののち、コニーはがんが寛解したと医者から告げられました。しかし体力は落ち、ふたたび「正常な」生活には戻れそうにありません。

コニーは活力にあふれ、優れた能力を持ち、短い時間で多くのことをやりこなす才能の持ち主として、長年知られていました。彼女は私の右腕であり左腕でした。オフィスを訪ねてくる人、電話をかけてくる人、手紙を書いてくる人のすべてを知っていて、その人々の多くと親しい交わりを持っていました。私と一緒に働いてくれた六年間、数え切れないほどの人に助けや支え、助言を与えてきた彼女は多くの人の友となり、その働きは私自身の働きと同じぐらい重要なものとなっていました。

ところが、一瞬にしてそのすべては終わったのでした。いつも人を一生懸命助けようとしていた彼女が、今は人の助けを必要とするようになりました。健康で強靭、活発で有能なこの女性が、一日にして家族や友人に完全に依存しなければならなくなってしまったのです。私にとって親しい友人であり同僚であったその人が、多くのことを成し遂げ、多くの人を助けることのできる能力を突然失うのを見るのは、とてもつらいことでした。しかし同時に、この病気によっても、人を信頼し愛する彼女の性格が何ひとつ変わっていないのを見て、私は希望を持つことができました。コニーは私によく言いました。「私の中には深い平和があるの。神はきっと私のために奇跡を起こしてくださるでしょう。もしそうでなくても、私は死の準備ができているのよ。本当にすばらしい人生を送ってきましたからね」。

コニーの人生の中で起きたこの劇的な出来事を振り返り、彼女と同じ経験を実は多くの人がしているのだと思い当たると、いったいこれにはどんな意味があるのだろうと思わずにはいられません。私たち人間は、意味なしには生きることができません。どんなことが起ころうとも、私たちは自問自答するのです。「なぜ、私にこんなことが起こるのだろうか。これにはどんな意味があるのだろうか」。

コニーの生きがいの大半は、ジョンとスティーヴというふたりの息子、そしてその家族との関係にあります。スティーヴの妻カーメンとふたりの孫チャールズとセアラは、特に大きな喜びと満足を与えてくれました。病気になる前のコニーの楽しみのひとつは、チャールズがホッケーをするときそこへ送って行き、サイドラインから応援することでした。コニーのいるところで誰かを批判することはできましたが、「カームと子どもたち」についてはひとことも批判するわけにはいきませんでした。

オフィスでの仕事も大きな生きがいでした。職場で過ごした最後の瞬間まで自分のやっていることを大いに楽しみ、常に情熱をもって仕事に取り組んでいました。私が行った五人の空中ブランコ乗りへのインタビューを書き起こすことになったときの喜びようは、今でも忘れられません。彼らについての本を書くという常軌を逸した私のアイディアを熱心に支持してくれたばかりでなく、さらなるインタビューのために私がドイツに戻る前に、必要な文書をすべてそろえてくれました。多種多様な仕事を私と一緒にあわただしくこなしていくことは、彼女にとって生きがいでした。七〇歳を過ぎていて、時には彼女もくたびれるのだということに気づく人はほとんどいませんでした。

そんな中で突然すべてが変わり、生きる意味は何かという問題が一気に押し寄せてきたのです。当面は、健康を回復し、ひとり立ちできるようになることが先決でした。「また車を運転できるようになったら、ジョンとスティーヴ、カームと子どもたちに、もうこんなに頼らなくてすむわ。そして何でも自分でできるようになるでしょう」。しかし時が経つにつれて、もはやそれが不可能であることがわかってきました。残りの人生は、ずっと他人の助けが必要になるのかもしれない、と。

コニーや、コニーのように職場に復帰することができずに家族や友人のために何もできなくなった人々をケアすることは、その人と一緒に新しい生きがいを探し出すということです。その生きがいは、もはや活動をして何かを成し遂げることから得られるのではありません。待つという「受け身」(passivities)の姿勢の中から、何らかの形で生まれるものなのです。

イエスは活動の人生から、受難(passion)という「受け身」の人生へと方向転換をしなければなりませんでした。イエスは数年のあいだ、きわめて活動的であり、教えを説き、人を助け、いつも大勢の人に囲まれて、あちこち動きまわっておられました。しかし弟子たちとの最後の晩餐を終えたあと、ゲッセマネの園で、イエスとその言葉に憤りを覚えていた人々の手に引き渡されました。そして他人の思いのままに扱われることになったのです。その瞬間から、イエスはご自分の意のままに行動することはなくなりました。イエスはもう何もなさりませんでした。あらゆることがイエスに対してなされました。逮捕され、ののしられ、暴行を受け、死刑を言い渡され、十字架につけられました。すべてされるがままでした。イエスの生涯の神秘は、自らの行為を通してではなく、他人の行為の対象となることを通してその使命を果たしたということです。最後に「成し遂げられた」（ヨハネ19・30）と言われたとき、イエスはそれを「わたしは成すべきことをすべて成し遂げた」という意味だけで言ったのではなく、「わたしに対して成されるべきことはすべて成された」という意味も込めて言ったのです。イエスは他人の行為をただ受けるしかない身となることを通して、この地上における使命を果たされたのでした。

イエスが生きたことを、私たちも生きるようにと呼ばれています。私たちの生は、イエスの霊において生きるならば、このように人に身を任せることによって成就するのです。イエスはこのことをペトロにはっきりと言われました。「あなたは、若いときは、自分で帯を締めて、行きたいところへ行っていた。しかし、年をとると、両手を伸ばして、他の人に帯を締められ、行きたくないところへ連れて行かれる」（ヨハネ21・18）。私たちもイエスのように、活動から「受け身」へ、自律から依存へ、率先することから待つことへ、生きることから死ぬことへと移っていかなければなりません。

この推移は痛ましく、ほとんど不可能に思われるかもしれませんが、この動きの中にこそ、私たちの本当の実りが隠されています。私たちの活動の年月は、成功や業績の年月です。この年月のあいだ、私たちは誇りをもって語れることを成し遂げます。しかし、この成功のほとんどと業績の多くは、まもなく過去のものとなります。私たちはそれでもなおトロフィーやメダル、芸術作品といった形で、成功や業績を目指し続けるかもしれません。けれども私たちの成功や生産性の先には何があるのでしょうか。その先には本当の実りがあり、それは苦しみを受けることを通して得られるものです。地面が鍬で砕かれて初めて実りがもたらされるように、私たちの人生も苦しみによって砕かれて初めて実を結ぶことができます。苦しみとはまさに、自分ではどうすることもできない他人の行為に身を任せることです。死は常に苦しみを伴いますが、それは私たちが、他人の決めた場所に置かれてしまうからです。他人がその場所で、私たちに良いことをしようとしているにしても、悪いことをしようとしているにしても、私たちが自分で決めた場所でないことには変わりがありません。

このように身を任せることによって私たちの人生が実を結ぶと信じるのは、容易ではありません。なぜなら、私たちは往々にして、依存が他人の役に立たず、相手の重荷になることを経験しているからです。そのようなとき、私たちは不快さ、疲労、混乱、迷い、痛みを感じ、このような弱さの中に実りがあるとは、到底理解できません。他者が手にしている鍬によって身も心も砕かれることしか、思い描くことができないのです。

身を任せることによって私たちの人生が実を結ぶと信じるには、信仰の驚異的な飛躍が必要です。私たちが見ること、感じること、そして社会が私に差し出す価値観や考え方はすべて、まったく逆の方向を指し示しています。成功が重要であり、実りは問題ではありません――特に、受け身の姿勢から来る実りは全然意味がありません。しかし、苦しみを受けることはイエスの十字架によって示された神の道なのです。それは、私たちがどんな価を払っても避けようとする道ですが、それこそが救いへの道なのです。このことから、死に直面した人のケアが大切である理由がわかります。死にゆく人をケアすることは、何かをすることから苦しみを受け入れることへ、成功から実りへ、残された時間で何ができるかを模索することから自分の命を人々への贈り物にすることへの難しい移行を手助けすることです。死にゆく人をケアするとは、次第に増していく弱さの中で神の力が見えるものとなるように、その人たちを助けるという意味です。

「神は……力ある者に恥をかかせるため、世の無力な者を選ばれました」（Ｉコリント１・27）という使徒パウロの有名な言葉は、ここで新しい意味を持つようになります。というのは、「無力な者」とは、貧しい人、障がいのある人、精神障がいのある人だけではなく、死にゆく人――そしていつかは死ぬ、私たちすべてを指すのです。この無力さにおいてこそ、神は強い者を恥じ入らせ、人間の本当の実りを示されるのだということを、私たちは信じなければなりません。これが十字架の神秘なのです。イエスが十字架にかけられたとき、彼の生涯は無限に実りあるものとなりました。十字架の上で、最大の弱さと最大の強さが出会ったのです。私たちも自分の死を通して、この神秘に与ることができます。よりよく死ぬことができるよう互いに助けあうことは、自分の弱さの中に実りを見出せるよう互いに助けあうことです。このようにして死を迎えることにより、私たちは新しい命が生まれ出るという確信をもって十字架を抱きしめることができるようになるのです。このことの多くは、近づいてくる死を受け入れなければならない人々とともに私たちがいるとき、具体的な事柄となります。

脳の手術を受けたあと、コニーはいつもふたつの望みを口にしていました。ひとつは彼女が「奇跡」と呼んでいたことの成就への望み、すなわち、完全に治って普通の生活に戻ることへの望みです。もうひとつは、子どもや孫をあまり悲しませることなく平穏に死にたいという望みでした。完全治癒が不可能であることがはっきりしてくるにつれて、コニーは自分の死について、また、自分と家族がいかにその準備をするかについて考え、語るようになりました。

ある日、コニーが次のように言ったことを、私は鮮明に覚えています。「死ぬのは怖くないのよ。神の愛の中で安心しているからね。あなたや他の大勢の人が私のために祈ってくださっているのを知っているから、悪いことなど何も起こるはずがないわ。でも、子どもたちのことが心配なの」。コニーはこう言って泣き出しました。彼女がふたりの孫チャールズとセアラをとてもかわいがっていること、孫たちの生活、幸せ、将来が彼女にとってどれほど大切かを、私は知っていました。「どんなことを考えているの?」と私がたずねると、コニーは言いました。「私のことで孫たちに苦しんでほしくないの。私が死んでいく姿を見て悲しんでほしくないの。ふたりはこれまでいつも、私を頼りになる強いおばあちゃんと思っていてくれた。放射線治療のせいで髪の毛が抜けてしまった、よぼよぼのおばあちゃんなんて、見たことがない。孫たちの顔を見るとき、ふたりが心配して悲しんでいるのを見るのがつらいの。今も、私が逝ってしまってからも、幸せな子どもであってほしいのよ」。コニーは自分のことなど考えていませんでした。他の人のことをまず先に考える人でしたから。オフィスでの仕事を引き継いでくれるいい人が見つかればいいがと、彼女は気にしていました。自分の病気が子どもたちやその家族の生活を乱さなければいいがと、案じていました。何よりも、孫たちが幸せであってほしいと願っていたので、自分の病気や死がそれを妨げるのではないかと心配だったのです。

コニーの苦痛を見たとき、それまで以上に美しく寛大で、思いやり深い人がそこにいました。コニーは人生をともにしたすべての人を心から思いやる人なのです。自分のことよりもその人たちの幸せが大切で、その人たちの仕事、その人たちの喜びや夢に心を砕いたのです。ほとんどの人が自己中心的なこの社会の中で、コニーは本当に一条の光です。

それでも私は、コニーが自分の心配を乗り越え、家族や友人たちへの彼女の愛が実を結ぶと信じるようになることを願っていました。いちばん大切なのは、他者のためにこれまでしてきたことやこれからもまだできることだけでなく、それ以上に、病の中で何を生きるか、それをいかに生きるかということなのだと、信じてほしかったのです。ますます依存しなければならなくなる中で、これまで孫たちのためにしてきたこと――車で学校や買い物や運動場に連れていくこと――以上のものを孫たちに与えているのだと、知ってほしかったのです。彼女が孫たちを必要とする時間は、孫たちが彼女を必要とする時間と同じくらい大切なのだと、気づいてほしかったのです。実際、病気を通してコニーは孫たちの真の教師になっています。コニーは孫たちに、人生に対する感謝、神への信頼、死を超えた命への希望を語っています。孫たちがしてくれるどんな小さなことに対しても、心からの感謝を表し、涙や恐れが突然湧いてきたときはそれを隠しませんが、いつも笑顔に戻ります。

コニー自身は、自分の善意と愛を見ることができません。しかし、私や彼女を見舞う人々にはそれが見えるのです。これまで長いこと生産的な人生を送ってきたコニーは今、次第に弱っていく中で、力に満ちていたときには与えることができなかったものを与えているのです。愛は死より強いという真理をかいま見るかのようです。孫たちはその真理の完全な実りを刈り取ることになるでしょう。

私たちは死ぬことによって、やがて来る世代の親となります。神とともに生きた多くの人々には、まさにこれが当てはまります。その人々は、自分の弱さを通して神の恵みを示してくれました。アッシジの聖フランチェスコ、マルティン・ルター、ジョン・ヘンリー・ニューマン、リジューのテレーズ、マハトマ・ガンディー、トーマス・マートン、ヨハネ二三世、ダグ・ハマーショルド、ドロシー・デイ、そして私たちの家族や友人の輪の中にいたすべての人々――この人たちはみな、今も私たちのそばにいます。私たちの考えや感情、言葉や書物、夢やヴィジョンは私たちだけのものではなく、すでに世を去った多くの男女、今私たちとともに生きている多くの男女のものでもあるのです。これらの人々の生と死は、今なお私たちの人生の中で実を結び続けています。この人々の喜び、希望、勇気、確信、信仰は、この人々とともに死んだのではなく、私たちの心の中で、また、私たちと愛で結ばれた多くの人の心の中で、花を咲かせ続けます。この人たちは確かに、私たちにイエスの霊を送り続け、私たちが歩き始めた自分の旅路において誠実であるように、力を与えてくれるのです。

私たちもまた、自分の死が、後に続く人々の人生の中で実を結ぶように努めなければなりません。しかしそれは、ケアなしには、不可能とは言えないまでも、非常に難しいことです。ケアを欠く現代社会は、私たちの価値が、何を持っているか、何を成すか、他人からどう見られているかにあると、私たちに信じこませようとします。このような考え方をするとき、確かに私たちの死は終わりでしかありません。なぜなら、私たちが死ぬと、財産、成功、名声はすべて消え去ってしまいますから。互いにケアしあうことなしには、私たちは自分の真の姿、すなわち神の子であり互いに兄弟姉妹であるということを忘れてしまい、やがて来る世代の親になることができません。しかしケアの共同体として、私たちは生きている短い年月を越えて実を結ぶことができるのだと、互いに思い出させることができます。ケアの共同体として、私たちは自分が死んで長い年月が経ったのちも、人々がなお、私たちが自分の弱さの中で蒔いた種の実を受け取ることができ、そこから新しい力を得ることができると信じています。ケアの共同体として、私たちはイエスの霊を互いに送りあうことができます。このように、私たちは過去、現在、未来を包みこむ神の民として実を結び、闇の中の光となるのです。

デイブレイク共同体での食事は、弱さの中で生まれる実りについて、あることを教えてくれます。私たちの「家」では、食事が日常生活のクライマックスです。それは、小さなお祝いのようなものです。ほとんどの人がひとりでは食べられず、誰かに食べさせてもらわなければならないので、ゆっくりと時間をかけて食べます。話すことのできない人が多く、たとえ話せても多くの言葉は使えないので、食卓を囲んでの会話は単純です。祈りはいつも他の人のためのものであり、名前を出してその人のために祈ります。知的障がい者にとっては、他の人たちがとても大切なのです。食卓にはよく蠟燭と花が置かれ、特別な祝い事のときには風船や垂れ幕が飾られます。

このような食事に参加するときはいつも、弱さの中にイエスの霊の賜物が与えられていることを痛感します。肉体的、感情的痛みを経験した人は多いし、人の助けなしには動けない人も少なくはなく、自分の欲求や望みを伝える術をほとんど持たない人もいますが、そこには平和と喜び、優しさ、赦し、希望、信頼の霊的賜物が満ち満ちているのです。私たちが分かちあっている傷つきやすさは、イエスがご自分の愛を示すのに最適な条件なのでしょう。このような愛の賜物を創造したのが私たちでないことは確かなのですから。もしも私たちが自分で創り出そうとするなら、どこから手をつけてよいかさえわからないでしょう。私たちの大半は、ただ生きていくこと、他の人が生きていく手助けをすることだけで精一杯です。

どの家族や共同体でもそうであるように、ここにも緊張や対立があります。それでも、この貧しい食卓の周りにはイエスが力強く現存し、その霊を豊かに送ってくださっているように思われます。

食後の祈りのときに、デイブレイクでの食事が何かを記念していることが明らかになります。私たちは神への感謝のうちに自分自身の生を捧げるだけでなく、その弱さを、私たちが心に留めている人たちの生、そしてとりわけ死を迎えようとしている人、あるいは亡くなった人の生を捧げるのです。このようにして、私たちは「弱さにおける連帯」を深めます。

記念として行う食事は、私たちが互いにケアしあい、人生の終わりに無力さを受け入れる備えができるよう助けあう方法でもあります。私たちのこの夕食を「最後の晩餐」として語る人はほとんどいないかもしれませんが、それでも私たちは互いにこう言いたいと思います。「私がここにいなくなったら、みなさんがここに集まって食べ、飲み、祝うときはいつも、私を思い出してください。そのお返しに、私はみなさんにイエスの霊を送ります。その霊はみなさんを結びつける愛の絆を深め、強めてくれるでしょう」。ですから、イエスと彼において亡くなった人々を記念する食事をするたびに、私たちは自分の死を迎える準備をすることになるのです。その食事によって、私たちは自分を養うだけでなく、互いに育みあいます。こうして日々少しずつ、常に拠り所とすることのできるケアの共同体となっていくのです。

よいケアの選択

死を迎える人によいケアをするためには、自分がそうであるように、その人たちも愛されていることを心から信じなければなりません。そして、一緒にいることによってその愛が伝わるようにしなければなりません。その人たちの死への過程と死が、人類家族とその人たちの連帯を深めるのだと、私たちは信じなければなりません。また、その人たちが諸聖人の交わりに入っていけるように導かなければなりません。さらに、その人たちの死が、自分の死と同じように、やがて来る世代にとって実りあるものとなると確信しなければなりません。恐れを捨て、死の彼方に希望を抱くよう、その人たちを励まさなければなりません。

よいケアをすることは、よりよく死ぬことと同じように、ひとつの選択を求めます。私たちは自分の内にケアの賜物を持っていますが、この賜物は意識して選択したとき初めて目に見えるものとなるのです。

私たちは同じ人間である仲間に差し出せるものが少ししかない、あるいは何もないと考えがちです。死にゆく人々の絶望を見て、私たちは恐れおののきます。何も変えることができないのにその人に近づくよりは、まったく近づかないほうがよいと思えることがよくあります。死に直面した人を前にするときは、特にそう感じるものです。しかし死にゆく人から逃げ出してしまえば、ケアをするという私たちが与えられている尊い賜物を埋もれさせてしまうことになるでしょう。

自分の与えられているケアの賜物を生かし、自分の死すべき運命だけでなく他の人々の死すべき運命をも受け入れる選択をするとき、私たちは希望の癒やしの真の源となることができます。癒やしてあげたいという欲求を手放す勇気を持つとき、私たちのケアは自分が期待し夢見ていたよりはるかによく、真の癒やしをもたらすことができます。ケアの賜物を与えられている私たちは、死を迎える兄弟姉妹を神の御心と神の宇宙の中へ、より深く導くことができるでしょう。

結び　復活の恵み

よりよく死ぬことと、よりよいケアについてのこの本を書き始めてから、三週間ほど経ちました。私の隠遁所であるフランツとレニーの家の三階にこもってほとんどの時間を過ごしていたにもかかわらず、私は心の中で遠く広く旅をしました。カナダにいるモーリスとコニー、アメリカにいるリチャード、オランダにいるマリーナ。また、ヨーロッパ、アジア、アフリカ、南米で、戦争や飢餓や抑圧のために死に瀕している無数の人々を「訪問」しました。そして、この世を去ってもなお、その行動と言葉で私に情報とインスピレーションを与え続けてくれた人々を、心の中で抱きしめようとしました。

心の中であちこち旅をしているあいだ、私たちは神の子であり、互いに兄弟姉妹であり、次の世代の親であるという確信を、私は自分のためにも他の人々のためにも表明しようとしました。自分がよりよく死ぬ方法だけでなく、死を迎える人をよりよくケアする方法についてのヴィジョンを与えてくれるこの霊的アイデンティティを、私は模索してきました。

机に向かってこの「結び」を書いている今、本書の読者の中には次のような疑問を抱いた人もいるかもしれません。「復活はどうなっているのだろう？」。自分でも驚くことに、私はここまで復活について何も書いていませんし、その必要も感じませんでした。これはただ、書いているあいだに緊急の課題とは思えなかったからです。しかし、復活が差し迫った課題として浮かび上がってこなかったからといって、それが重要ではないということにはなりません。いや、むしろ復活は、これまで私が書いてきたどんなことよりも重要です。なぜなら、復活は私の信仰の土台だからです。死を迎えることと死について、復活に触れずに書くことは、帆走について、風のことに触れずに書くようなものです。イエスの復活と私たち自身の復活の希望があるからこそ、私は死を迎えることと死について、今まで書いてきたような形で書くことができるのです。使徒パウロとともに、私はあえて言います。「キリストは死者の中から復活した、と宣べ伝えられているのに、あなたがたの中のある者が、死者の復活などない、と言っているのはどういうわけですか。……死者が復活しないのなら、キリストも復活しなかったはずです。そして、キリストが復活しなかったのなら、あなたがたの信仰はむなしく、あなたがたは今もなお罪の中にあることになります。そうだとすると、キリストを信じて眠りについた人々も滅んでしまったわけです。この世の生活でキリストに望みをかけているだけだとすれば、わたしたちはすべての人の中で最も惨めな者です」（Ｉコリント15・12―19）。

パウロが復活についてこのように表現している以上に力強い意見を持つことはできないでしょう。そして私は、パウロのこの言葉を自分の言葉にしたいと思っています。とはいうものの、私はまだイエスの復活や、私たち自身の復活について書いてはいません。このことについて書くのを躊躇しているのは、イエスの復活が隠れた出来事であるという私の確信と関連しているのだろうと思います。イエスが復活なさったのは、ご自分を十字架にかけた人々にその間違いを思い知らせるためでもなければ、敵対者たちを混乱させるためでもありません。また、当時の支配者たちを感服させたり、人々に信じることを強制したりするためでもありませんでした。イエスの復活は、御父の愛の全面的な確証だったのです。イエスはこの愛を知る人にだけ、ご自分を現しました。一握りの親しい友人にだけ、復活の主としてのご自分を知らしめました。おそらく人間の歴史の中で、これほど重要であると同時に人目につかない出来事は存在しなかったでしょう。世界はイエスの復活に気づきませんでした。ほんの少数の人、すなわちイエスがご自分を現そうと選んだ人々、ご自分のあとに続いて世界に神の愛を宣べ伝えるよう派遣したいと選んだ人々しか知らなかったのです。

イエスの復活が隠れた出来事であったことは、私にとって重要です。イエスの復活は私の信仰の礎ではありますが、議論に用いたり、人々を安心させるために用いたりするべきではありません。死に直面している人に向かって「怖がることはないよ。死んだあと、あなたはイエスと同じようによみがえって、友人たちとまた会えるし、神のみもとで永遠に幸せになれるのだから」と言うのは、死をあまりにも軽々しく扱っています。このような言葉は、死後も基本的には何も変わらず、ただ苦しみが取り去られるだけと言っているに過ぎません。また、イエスご自身のことも軽々しく扱っています。イエスが生き抜いたご自分の死は、よりよい生へと移行するために通らねばならない道といったものではありませんでした。そして結局、このような言葉は、死に直面した人々――私たちと同様、時間と場所の制約を受けたこの世界の先にあるものを何も知らない人々――を、真剣に扱っていないことになるのです。

復活は、死を迎えることや死についての問題を解決してはくれません。それは人生の闘いのハッピーエンドではありませんし、神が私たちのためにとっておいてくださった予期せぬ贈り物でもありません。復活とは、イエスと神の子どもたちすべてに対する神の忠実の現れなのです。復活を通して、神はイエスに言われました。「あなたは確かにわたしの愛する子。わたしの愛は永遠に変わることがない」。そして私たちにも言われました。「あなた方は確かにわたしの愛する子。わたしの愛は永遠に変わることがない」。復活は、神に属するものが何ひとつ無駄にはならないことを示す、神の方法なのです。神に属するもので、ひとつとして失われるものはありません。私たちの死すべき肉体さえも、失われることはないのです。復活は、死後の命について私たちが知りたいと思うこと――たとえば「死んだらどうなるの？」「天国はどんなところ？」といった質問に答えてはくれません。しかし、復活は私たちに、愛は死よりも強いことを確かに示してくれます。それが明らかにされたのならば、私たちはなぜ、いつ、どこで、どのように、と問うことをやめ、ただ信頼しなければなりません。

私の父は、九〇歳の誕生日にオランダのラジオ局からインタビューを受けました。レポーターは父にその生涯と仕事、さらにはオランダの現在の税制――父はこの分野の専門家だったのです――について尋ねたあと、死後に何が起こると思うかと質問しました。

それはインタビューの一週間後に放送された番組であり、父と私は一緒にそれを聞いていました。この最後の質問に父はどう答えるのだろうと、私は興味津々でした。すると、父がこう答えるのが聞こえてきました。「それについては、あまり言うことがありませんね。今私が妻や友人たちと会っているような形では、再会しないと思います。これといって具体的な期待は抱いていません。ええ、何か別なものがあるでしょうけれど、時間と空間がもはや存在しなくなったところでの『何か別なもの』について語っても、それはあまり意味がないでしょう。私は死ぬことを恐れてはいませんし、百歳になることを望んでもいません。今は人生をただ精一杯生きたい。そして……死んだあとのことは、そのときになったらわかるでしょう！」

父の信じていることも信じていないことも、おそらくその最後の言葉「そのときになったらわかるでしょう」に要約されていると言えるでしょう。父の懐疑と信仰が、この言葉の中で接点を見出しています。「そのときになったらわかるでしょう」という言葉は、「先のことはわかりません」という意味にも「自分が見たいと思っていたものをついに見ることになるでしょう」という意味にも解釈できます。私たちは神を見、お互いを見るでしょう。イエスは次のことを語ったとき、これを確信していました。「心を騒がせるな。神を信じなさい。そして、わたしをも信じなさい。わたしの父の家には住む所がたくさんある。……行ってあなたがたのために場所を用意したら、戻って来て、あなたがたをわたしのもとに迎える。こうして、わたしのいる所に、あなたがたもいることになる」（ヨハネ14・1―3）。空の墓のそばでマグダラのマリアの前に現れたとき、イエスは彼女を次の言葉で送り出しました。「わたしの兄弟たちのところへ行って、こう言いなさい。『わたしの父であり、あなたがたの父である方、また、わたしの神であり、あなたがたの神である方のところへわたしは上る』と」（ヨハネ20・17）。

復活されたイエスは、友人たちと食べたり飲んだりしながら、私たちに対する神の愛、お互いに対する私たちの愛、私たちの生まれる前に生きていた人々や死後に生きることになる人々への私たちの愛が、単なるつかのまの経験ではなく、すべての時空を超えた永遠の現実であることを示してくださいました。復活されたイエスは、刺し貫かれた手、足、脇腹を友人たちに見せることによって、私たちがこの地上で生きているあいだ肉体をもって生きてきたこと――苦しみの経験も喜びの経験も――は、私たちが死を通り抜けるとき、もはや無用の衣としてただ消え去るのではなく、神や兄弟姉妹たちとともに生きてきた唯一無二の道のしるしとなることをも示してくださいました。

「そのときになったらわかるでしょう」は、おそらく常に二重の意味を持つのではないでしょうか。癲癇持ちの息子を治してほしいとイエスに頼んだ父親のように、私たちは常に言わなければなりません。「信じます。信仰のないわたしをお助けください」(マルコ9・24)。しかし、復活の主を見つめ続けるとき、愛は死よりも強いということだけでなく、私たちの信仰は私たちの懐疑よりも強いということに、私たちは気づくでしょう。

訳者あとがき

死の哲学者、アルフォンス・デーケン師（イエズス会）の言葉、「死を考えることは生きることを考えることにつながる」は、人生のたそがれに入った私にとって黙想の課題となっていました。そういう中で目に留まったのがナウエンの死とケアについての作品でした。死は人生の終わりではなく継続、死は生の違った形、という考えは、カトリックの伝統的で基本的な考えであり、何も新しくはありませんが、私が心を奪われ、新風を感じたのは、体験からあふれ出る作者の生きた言葉でした。

ケアとは死を迎える人を、神の子として、世界中の過去、現在、未来の兄弟姉妹との連帯に入れるように助けることなのだ、というヴィジョンに私も吸い込まれ、ケアという恵み深い使命の尊さをも認識しました。病あるいは老衰によって、活力、能力、知力を奪われた無力さの中に神の力が現れ、人間の本質的価値、存在意義を悟るためにどうしても、同伴者の助けが必要だということもよく分かりました。ケアする者の一番大切な役割がここにあるのです。ナウエンが、身近な親しい人、母をはじめデイブレイクの共同体のメンバー、秘書のコニーの死に直面し、その上事故によって自ら死を見つめたその体験の数々から、作者の言葉の一つひとつが説得力に満ちあふれ、人間性の最も深い神秘へと私たちを招いてくれるのを実感しました。ナウエンと共に私も死の現実と真理をしっかり見据えることができた恵みは言葉には言い尽くせない深さがあり、感謝で一杯です。

この本を翻訳することを許してくださった聖公会出版社長の唐澤秩子さんにまずお礼申しあげます。そして翻訳するに当たってワープロを操作できない私の無能さを補ってくださった奥村倫代さん、日本語に磨きをかけてくださった聖心会のシスター坂部美代子の協力なしには完成不可能でした。まさに「三位一体」の働きの実りでした。心から感謝しております。

この本を通して、ひとりでも多くの方が死の怖れを乗り越え、神の御許に帰るよい準備がなされるよう、また先に召されて天国へと旅立った方々と共に、その交わりの中で、地上の私たちもより充実した生命を生き抜けるよう祈って止みません。

二〇〇三年二月一七日

廣戸　直江

鏡の向こう

Beyond the Mirror

Beyond the Mirror
Reflections on Death and Life
By Henri J. M. Nouwen

Translated by Doi Kenichi
Published by
The Board of Publications
The United Church of Christ in Japan
Tokyo, Japan

序文

ロバート・ダーバック

鏡には人を魅了する何かがあります。鏡には、子どもたちの想像力をわしづかみにし、子どもたちを神秘の国へと導いていく力があることを、物語の語り手はよくわかっています。私たちは鏡を見つめることで、自分がどんなふうに見えるかを知り、自分が誰であるかを発見します。グリム兄弟はこのことをよく知っていました。『白雪姫』に出てくる女王は、鏡に問いかけて、自分の思い込みを補強しようとします。「鏡よ、鏡。世界でいちばん美しいのは誰？」自分の望む答えを得られなかった女王は、激怒して、美貌を手放した挙句、ぞっとするような醜い老魔女の顔立ちになってしまうのです。この物語を読んだ私たちは、鏡の前で、しばし考え込んでしまいます。

ヘンリ・ナウエンがもつ特別な魅力は、著書において一貫して自分を「引き立て役」として提供してきたことです。つまり、読者である私たちが、自分という存在のより深い次元を見つめ、探ることができるように、ナウエンは自分の人生の経験を、鏡として読者に示すのです。その鏡をのぞきこむことによって私たちは、自分の傷つきやすさという点においてだけでなく、隠れた可能性や真のさだめという点においても、自分自身を新たに見直し発見することができます。

『鏡の向こう』においてナウエンは、ある事故のことを書いています。この事故でナウエンはひどい怪我を負いました。大雪がつもって道が凍り付いたある冬の未明、ヒッチハイクをしようとしていたナウエンに、通りすがりのバンのサイドミラーがぶつかったのです。より大切なのは、ナウエンが本書で、自分が死の瀬戸際にあり外科手術を待っているのだと、トロントの病院の緊急治療室で気づいたときのことを語っている点です。そしてそれに続く、回復に向かった日々に考えたことも記されています。

死に直面したナウエンは、これまでの人生について、そして死が差し迫っていることを考えると、残されたほんのわずかな人生について、真に大切なものは何かを明らかにしなければなりませんでした。ナウエンが一歩一歩、死と折り合いをつけていく筋道を共にたどるうちに、読者もまた否応なく次のプロセスに巻き込まれていきます。それは、究極的に価値あるものを明らかにし、今この時、真に重要なものについての決断を行うというプロセスであり、時間切れになって新しい決断がもはやできなくなってしまうまで時を待つということではありません。

通常、死は、私たちが特別な魅力を感じる主題ではありません。死が自分の人生に暗い影を落とすことを恐れて、むしろそれをまったく避けようとします。しかしながら、この『鏡の向こう』においてナウエンは、死を意識することが、実のところ、いかに人生を豊かにするかを示しています。人生は短いという紛れもない事実は、すべての瞬間が尊いものであることを教えてくれます。経済的に裕福であり、余分なお金を浪費する余裕がある人はほとんどいません。同じように、自分の人生に与えられた余分な年を浪費する余裕のある人などいないでしょう。この人生の時は、私たちに対して、ただ一日一日、そして一刻一刻と割り当てられたものなのですから。

ナウエンにとっては死そのものが鏡となり、この鏡によって彼は「私は誰？」という問いに向き合うこととなりました。生涯を通じて、私たちはたくさんのアイデンティティを獲得します。私とは私が行うこと。私とは私が持っているもの。私は母。私は父。私は独身で孤独。私は店員。私は市場アナリスト。私は芸術家。私は失業中。悲しいことに、とても多くの人は「私は何者でもない」と言うのかもしれません。

ナウエンは、病院で死に瀕していたとき、自分自身にこう言うこともできたでしょう。私は神学者。私は心理学者。私はイェールとハーバードで教えていた。私はたくさんの本を書いた。私は国内外で講義をしてきた。しかしこうしたことは、彼が自分の最後の時を覚悟した折には、慰めをもたらすものではありませんでした。死は、私たちがまとっているアイデンティティのうわべの層をごっそりと剝ぎ取ってしまうのです。

ナウエンが生と死の間で宙づりになっていたとき、彼のたくさんあるアイデンティティの内の何が、彼に安らぎをもたらしたでしょうか。どんな意味での自己が、最終的に、人生におけるほかのカードに対しての切り札となったでしょうか。ナウエンは、あの「私は誰？」という問いに対する最終的な答えを求めて、人生の鏡をのぞきこむとき、自分に直接語りかけてくる言葉を聞くことになります。「これはわたしの愛する子、わたしの心に適う者」（マタイ3・17）。この言葉をイエス一人に語られた言葉ではなく、ナウエン自身に、そしてイエスをはじめとする全人類に語られた言葉として、彼は聞くのです。彼は言います、「私は今やわかっています。洗礼のときにイエスに語られた言葉は、私にも、そしてイエスの兄弟姉妹であるすべての人にも語られたものであると」（159ページ）。

彼は結論付けます。「自分を拒絶し、自分を見下すという私の傾向は、この言葉を真実に聞くことを、そしてこの言葉を心の中心へと収めることを困難にします。しかしいったん私がこの言葉を完全に受け取るや、自分の能力をこの世に対して証明しなければいけないという強迫観念から自由になり、世に属さずに世を生きることができるようになります。自分が神の愛する子であり、無条件に愛されている者であるという真実をいったん受け取るや、私は、イエスに倣って語り、行動する者として世に遣わされることができるのです。……自分が限りなく愛されていると完全に信じることができるとき、私は真実に世を愛することができるのだ、と確信しています」（159―160ページ）。

このきわめて個人的な報告において、彼は、死に直面して自己理解が一新されたことを読者と分かち合い、それによって、抑圧的で狭く誤ったアイデンティティから私たちを解放します。このアイデンティティは、メディアや、それがまき散らす空虚な広告によってそそのかされて、私たちが自分のために作り上げているものにすぎません。ナウエンに導かれて、私たちは、鏡を通り抜けて真実の世界へと歩み入ることができます。その真実の世界は、愛の神によって創造され、想像を絶する永遠を約束された、本当の私が生きる世界なのです。

プロローグ

この小さな本は、私が苦しんだある事故についての、スピリチュアル・ストーリーです。私がこれを書くのは、他に選択肢がなかったからです。私の事故は、私を死の入り口まで連れて行き、そして私に新しく神を経験させてくれました。それについて書かないならば、私は、いつでもどこでも神の御臨在を証しするという私の召命に対する誠実を果たせなくなってしまいます。本や記事を書くことは私が神を探し求めるうえで重要なことですが、しかし、私がその一部であるところの神秘を最もよく明らかにしてくれるのは、日常生活を中断させる出来事です。

トラピスト修道院で過ごした長い静まりの時は、忙しい教師生活を中断させました。母の突然の死は、家族との最も強い絆を中断させました。ラテンアメリカにおける貧困に直面したことは、北米でのとても快適な生活を中断させました。知的な障がいをもつ人々と共に暮らすという召命は、大学での教師生活を中断させました。堅い友情の破綻は、感情面での平安が深まっているという自覚を中断させました。そのような出来事によって、私は何度も何度も、次のことを自問せずにはいられませんでした。「神はどこにいる？　神は私にとって誰？」

これらの中断のすべては、私がいつもどおりの毎日の生活を越えて、向こう側に進んでいく機会となり、私の心理的、感情的、霊的な平安を守ってきたこれまでの安全装置をはずして、さらに深い神とのつながりを見出す機会となりました。それぞれの中断を通して私は、神の前での自分のアイデンティティを、新しい方法で見るように招かれました。それぞれの中断は、私から何かを取り除きました。つまりそれぞれの中断は私に新しい何かを与えてくれたのです。教師としての成功の向こう側に、一人で静まることと共同体の一員であることから来る内的な平安がありました。私の母との絆を越えた向こう側に、神が母として現れてくださいました。北米の快適さの向こう側に、ボリビアとペルーに生きる神の子どもたちの微笑みがありました。大学での教師生活の向こう側に、心と体に破れをもった人々の内で神に触れるという召命がありました。一つの友情をはぐくんでいくことを越えた向こう側に、私の心のすべてを求めてくださる神との交わりがありました。つまり、快適な生活を生み出すためのたくさんの仕組みの向こう側に、神との関係性を生み出すたくさんの可能性が開かれているのです。その神は、アブラハムとサラ、イサクとリベカ、ヤコブとレアとラケルの神であり、イエスの父であり、そのお方の名は愛です。

私を「向こう側」へと召し出す、これらたくさんの中断の経験は、私を書くことへと強く促します。何よりまず、恐ろしく、しばしば大きな衝撃を伴う中断の最中にあって心を保つために、そしてなじみの場所から見知らぬ場所へと移動していく過程で心の奥の自己を保つために、私にとって可能な唯一の方法が、書くことだと思えるからです。書くことによって私は、動揺していても何かに集中していられますし、心を乱す耳障りな声が渦巻く中でも、神の霊が私を導く小さな声をよりよく聞き分けることができます。しかしいつも、もう一つの動機があります。私は次のように、どこかで信じているのです。私の小さな、またたくまに過ぎ去っていく人生の痛みや恐れから、何か永続的な価値を生み出すための方法のひとつが、書くことである、と。人生は、私が、見知らぬ霊的な領域に向けて新しい一歩を踏み出すことを求めてきます。そのたびに私は、私の物語を誰かに語らなければという深い内的な促しを感じるのです――それは恐らくは、誰かとの交わりを求めてのことですが、しかしまた、私が垣間見ることを許された神を証しすることこそ、私の最も深い召命であるという自覚に基づく促しでもあるかもしれません。

私がヒッチハイクを試みている最中にバンに衝突されたとき、そしてその後、死ぬ可能性に直面している自分に気づいたとき、私は今まで以上に、この生かされている命を誰か他者のために生きなければ、と感じました。そして回復し自分の物語を語れるようになった今、この中断の経験――これが最後になる可能性もありましたが――は、私がこれまで学んだのとは根本的に異なる、神についての新しい知識を与えてくれた、と思っているのです。だからこれまでよりももっと強く、私はそれについて書く必要を感じていますし、自分一人にとどめておくことができないこの知識を人々に差し出す必要を感じています。

私は望み、祈っています。私が鏡の向こうに垣間見たことが、迫り来る死を感じて恐れの中にある兄弟姉妹に、あるいは死を考えると恐れおののいてしまい平安でいることができない兄弟姉妹に、慰めと希望を与えますように。

事故

二つの鮮やかな記憶が私の内に残っています。まだ暗い冬の朝でした。通り過がりのバンのサイドミラーが後ろからぶつかってきて、私は道路の脇に倒れてしまいました。すぐに私は、自分が引き返せない地点に達したことがわかりました。自分がどんなにひどく怪我をしているかはわかりませんでしたが、古い何かが終わり、まだ知らない新しい何かが始まりつつあるのがわかったのです。

車が行き交う道路の隅で横たわったまま助けを求めて叫びましたが、衝突されたときから、これはただの事故ではないと知っていました。やがて私は、この出来事の全体が、いかに預言的、摂理的で神秘的に計画されたものであるかを、はっきりと理解するでしょう。そのときの私の何よりの関心は助けが来るかどうかでしたが、しかし私は、道路脇に横たわっている自分に何か奇妙に「良い」ことが起ころうとしているのを確信していました。

その週は特別に忙しく、小さい用事でいっぱいになっていました。一つ一つはきわめて重要とは言えないものの、それぞれに時間を割く必要があり、私はとても疲れ、いらだちさえ感じていました。自分の内的な根源に直接触れるための余地など、まったくなさそうでした。しかし一つだけ、明らかな例外がありました。私はシー・フー（Hsi-Fu）という重い障がいを持つ一四歳の少年が、朝登校するための準備をすることを頼まれていたのです。いつもシー・フーの援助をしていたネイサンとトッドはリトリートに参加するために出かけており、私は大いに喜んで彼らの代わりに仕事をしていました。

実際、私は、シー・フーに身近に接する機会をとても光栄に感じていました。シー・フーは目が見えず、話すことも歩くこともできず、身体的にも知的にも障がいを持っています。しかし彼は命と愛に満ちていて、彼と共にいるとき、私は命を真に育てるものと触れ合っていることを感じるのです。彼を入浴させ、彼の歯を磨き、彼の髪を整え、彼が食べ物をスプーンに乗せて自分の口に持っていけるよう彼の手を支える。このことが、確かな親密さ、静かな絆、真実の平安の時を私にもたらします――ちょうど黙想の時のように。私はすでに月、火、水曜日の朝を彼と過ごして、彼のいつもの作業を手伝っており、もう一度彼に会うことを待ち望んでいました。

シー・フーはリッチモンドヒルのダウンタウンにある、コーナー・ハウスと呼ばれる住居に住んでいました。私が住んでいる家からは車で五分の距離です。その木曜日、早朝に起きて、窓の外を眺めると、地面全体が輝く氷で覆われていました。家からヤング・ストリートまでの半マイルを車で行くことは、明らかに不可能でした。未舗装の道路は車よりもスケートに適していて、私が車に乗っても側溝にはまり込んでしまうでしょう。

　私が出かけようと準備をしていると、祈りに行こうとしていた友人のスーは言いました、「あなたの車で出かけてはだめよ。無理だからね」。私は言いました、「わかってる、わかってる、歩くつもりだよ。まだ六時だから、七時までには余裕をもってつけるはず」。彼女は答えました、「ヘンリ、行ってはだめ。無理よ。コーナー・ハウスに電話しなさい。きっとシー・フーを助けてくれるから」。その瞬間、私は、自分がぜひやりたいと願ってきた務めを手放すことに強い抵抗を感じました。スーはもう一度言いました、「行ってはだめ」。でも私は言い張ったのです、「大丈夫、できるよ。約束してしまったんだ」。そして私は家を出て、凍った道をヤング・ストリートまで、恐る恐る歩き始めました。

　歩くのは難しいことでした。途中ですべって、倒れて、おなかを打ちました。でも自分に言い聞かせました、「進め。お前はできる。氷ごときに、お前の邪魔をさせるな」。私を動かしたのは純粋な奉仕の心ではなく、自分にもこの小さな仕事を成し遂げられることを自分自身に示したいという欲望であったのです。そしてさらに強い欲望は、少なくとも今週は、シー・フーを誰にも渡したくないということでした。

ヤング・ストリートに着いたとき、一五分もかかってしまったことを知りました。道路を渡り、リッチモンドヒルに向けて南に歩き出しました。歩いていると、とても心配になってきました。車がびゅんびゅん走っています。道路はもう凍っていないようでしたが、路肩はとても危険でした。私はよろめき、何度も転びそうになりました。ガソリンスタンドに着いたときには、もう六時半でしたから、七時までにコーナー・ハウスに着くのは無理だと悟りました。

ちょうどそのとき、二人の男性を乗せた小さなトラックがガソリンスタンドに入ってきたのです。私は彼らに助けを求めようと決めました。車窓をノックすると、助手席に座っている男性が窓を開けてくれたので、私は言いました、「おはようございます。私をダウンタウンまで乗せて行っていただけないでしょうか？ 七時には到着しないといけないのですが、路肩はすっかり凍っていて、とても間に合いそうにないのです。たった三分ほどのドライブなんですが」。運転手は私のほうを向いて言いました、「だめだ、おまえさんを助けることはできないよ。俺たちはこのスタンドを開けるために、着いたばかりだ。時間がないんだよ」。

私は諦めず、もう一度言いました、「聞いてください、たった数分なんですよ。路肩はすっかり凍結していて、歩くのがとても難しいんです。お願いします、私を助けていただけませんか？ すぐそこなんです」。しかし答えは同じでした、「申し訳ないが、俺たちには時間がないんだ」。私の中で怒りが湧き上がり、この男たちにどうしても私を助けさせなければならないという奇妙な欲望が湧き上がるのを、感じ始めました。それで私は言いました、「でも私はどうしても、あそこに行かなくてはなりません」――私は指さしました――「あそこに教会の塔が見えるでしょう。あなたたちが助けてくれなければ、私は行くことができません。まさに今あなたたちを必要としている人は、ここには誰もいませんよね」。運転手は駐車場に入れるために、トラックをバックさせ始めました。こう言いながら、「すまないね、時間がないんだよ。店を開けなければいけない」。しばらくして同乗者が窓を閉め、私は一人残されてしまいました。

突然、激しい怒りを感じました。まったく言葉が通じないこの二人は、私の敵になったのです。私は憤慨し、自分の奥底の暗い場所から噴き上がってくる激情さえ感じました。私は誤解され、脇に追いやられ、捨てられ、一人取り残されました。捨てられた子どものような思いで、いっぱいになりました。私は道路に向き直り、路肩を歩き始めました。気を付けなければならないと知ってはいましたが、実際にはできていませんでした。ヘッドライトを光らせた車が、次から次へ高速で走り去っていくそばを、とぼとぼと歩きました。今や私は、なんとしても約束の時間に間に合ってみせると心に決めていたのです。あの二人に見せつけてやる。彼らなしでも私がちゃんとできること、本当は彼らを必要としていなかったこと、ほかの人なら彼らよりももっと多くの同情を示してくれるだろうということ、結局のところ、私が正しくて彼らが間違っていたのだ、と。

車の流れのそばで、近づいてくるヘッドライトに向けて、右手を上げました。リッチモンドヒルのダウンタウンを指さして。車は次々に朝霧の中から現れ、私のそばを通り過ぎて行きました。車の中で快適に運転している人々のことを思い、なんで誰も私に気づかないのか、なんで誰も停車してくれないのか、私が行かなくてはならないほんのわずかの距離を乗せてくれないのか、と不機嫌に考え始めました。二人だった敵は、たくさんに増えていったのです。

奇妙な矛盾した思いが私を摑んで離しませんでした。こういう状況では、通り過ぎていく運転手が私に気づき、私が助けを求めていることを知り、停車して、私をダウンタウンに連れて行ってくれることなど、まったくありえない、ということはわかってはいたのです。もしも私が、凍り付いた朝の六時半に車を運転して出勤しようとしていたなら、私だってそんなことはできなかったでしょう。それにもかかわらず同時に、激しい怒りがあり、拒絶されたという思いが広がり、内なる叫びがありました。「なぜあなたたちは私のそばを通り過ぎて行き、私の懇願を無視し、路肩に私を一人置き去りにするのか?」自分の期待がばかばかしいものであることを知りつつも、そこに重なるようにして、私の奇妙な怒りが湧き上がっていたのです。

結局、コーナー・ハウスにたどり着くには歩くしかないと、決心しました。ただ、すでに時間は過ぎており、シー・フーのもとに七時までに着くことはもはや不可能でした。だから、怒り、困惑し、不安になり、そしてとてもとても愚かしいと感じながらも、私は、ヤング・ストリートを走り始めたのです。スーの声を聞きながら、「ヘンリ、無理よ（it's too much）……」。

あの出来事が起こったのは、その時です。何かがぶつかり、奇妙な重い音が体に響き、鋭い痛みが背中に生じ、よろめき、路上に打ち付けられ、叫びをあげようとしました。こんなふうに考えている自分に気づきました。「私にぶつかった運転手は気づいただろうか、あるいは何もなかったように走り去ってしまったか？」しかし別の思いが、より深いところからより強く、生まれてきました。「すべては変わってしまった。私の計画などもはや問題ではない。それは恐ろしく、痛みに満ちているが……しかしたぶん、とても良いことなのだ」。スーの声が再び聞こえてきました。「It's too much, far too much.〔訳注・too much には「無理」のほかに「すばらしい」の意味もある。ここでナウエンは、後者の響きを聴き取っている〕」。とは言うものの、そのときには、何もありませんでした。独りぼっち、……助けてくれる人もなく、路肩で倒れていました。でも、力を奪われたという感覚、まったくなすすべがないという感覚は、私を恐れさせることはありませんでした。誰かの強い手が私を押しとどめ、私を何かに屈服させようとしているのだ、それは私に必要なことなのだ、と感じたのです。

身を起こせないので、ガソリンスタンドの二人の従業員に何とか気づいてもらおうとしました。でも彼らは遠く離れていて、私を見つけることも、私の声を聴き取ることもできませんでした。しかし間もなく、驚くことに、若い男性が私に駆け寄ってきたのです。彼はかがんで、言いました。「大丈夫ですか？　ひどい怪我をしています」。とてもやさしく、親身になってくれる声でした。彼はまるで守護天使のように見えました。「通りすがりの車が、私にぶつかったようです」と私は言いました。「運転手が気づいたかどうかさえ、わかりません」。「それは私なんです」と彼は答えました。「私の車の右側サイドミラーが、あなたにぶつかったのです。それで、車を停めて助けに来ました……立てますか？」。「ええ、たぶん」と私は言い、彼に助けられて立ち上がりました。彼は言いました、「気をつけて。ゆっくりゆっくり」。私たちは一緒にガソリンスタンドに向けて歩き出しました。

「私の名前はヘンリ」と言うと、彼は「私はジョンです」と応じました。「救急車を呼びますね」。ガソリンスタンドに入り、ジョンは私を椅子に座らせて、電話をとりました。二人の従業員は少し離れてその様子を見ていましたが、何も言いませんでした。少しして、ジョンはしびれを切らし、言いました。「だめだ、救急車がつかまらない。私があなたをヨーク中央病院にお連れしたほうがよさそうです」。彼が自分のバンを取りに行っている間に、私はスーに電話して、起こったことを伝えました。しばらくして私たちは出かけました。

右の窓から外を見ると、ねじ曲がったサイドミラーが目に入り、どんなに強く私にぶつかったのかがわかりました。ジョンは明らかに動揺していました。彼は尋ねました。「なぜあなたは一人で道路脇に立っていたのですか?」。私は詳細に説明したくはなかったので、こう言いました。「私は精神的なハンディキャップを持った人々と一緒に、共同体で暮らしている神父です」。私は、彼らが暮らす家の一つに行く途中だったんです」。彼はひどく動揺した声で言いました。「ああ、神よ! 私は神父をひいてしまったのか。なんてことだ!」。私はジョンに好感を持っていたので、何とか慰めようとしました。「あなたが私を病院に連れて行ってくれることをとても感謝しています。私が回復したら、ぜひ私たちの共同体をお訪ねください」。「はい、そうします」と彼は言いつつ、心ここにあらずという感じでした。

病院

病院の緊急治療室につくとすぐに、私たちは看護師、医師、女性警察官に囲まれて質問され、入院手続きをし、エックス線撮影をしました。人々は皆、たいへん親身になってくれ、てきぱきとして有能で、明快に説明してくれました。エックス線写真を見た医師は言いました。「肋骨が五本折れています。ここに一日いていただければ、明日には家に帰れますよ」。そのとき、思いがけず、とてもよく知っている顔が現れました。私のかかりつけ医である、プラサド先生でした。なぜ彼女がこんなにも早く来てくれたのかと驚きました。彼女を見たとき、何も心配しなくてよいのだと確信しました。しかしまさにそのとき、とても具合が悪くなり始めたのです。ひどくめまいがし、吐き気がこみあげてきたのですが、吐けませんでした。周囲の狼狽に気づきました。そしてすぐに、自分が考えていたよりもずっと重症であることが明らかになったのです。プラサド先生は言いました。「内出血が進んでいるのかもしれません。さらに検査をしなくてはいけませんね」。

たくさんの検査をし、たくさんのチューブを入れられ、たくさんの説明を聞いた後に、私はＩＣＵ（集中治療室）に運ばれました。ジョンは帰っていました。スーは路面凍結のために家を出られなかったので、私たちの共同体の一員であるロビンを寄こしました。ロビンは来て、そして何が起こっているかを伝えるために帰って行きました。今や私は、自分の身に起こった現実を理解できました。私は重症で、命を失う危険があるのだ、と。自分が死ぬという可能性に直面して、次のことに気づきました。私は、まったく新しい仕方で自分を見つめ直すように、通りすがりのバンのサイドミラーによって促されているのだ、と。

軽い病気による短い入院を別にすれば、病院のベッドで過ごした経験がありませんでした。しかし今、突然、本物の患者になり、周りの人にすべてを頼ることになりました。助けがなくては何もできません。点滴と輸血と心臓のモニタリングのために体のさまざまな場所にチューブが射し込まれていることは、私がまったくの「受け身」になったことの証拠でした。私は、自分の短気を知っていましたので、このように管理下に置かれたことで、この新しい状況が自分を非常にいらだたせるのではないか、と考えました。しかし正反対のことが起こりました。私は両側に手すりのついた病院のベッドで、非常な平安を感じたのです。ひどい痛みにもかかわらず、予期しなかったまったくの安心を覚えたのです。

医師と看護師は、自分たちがすることをすべて説明し、投与する薬の名前を教え、これからくる痛みを前もって説明し、医療行為の効果について確信していることと疑わしいことを共に教えてくれました。超音波検査の際には、看護師が、私の脾臓がどのように映っており、どこが傷つき、おそらくは出血しているかを示してくれました。痛みを和らげ、眠れるようにと鎮痛剤をくれた看護師は、言いました。「この薬は二時間ききます。二時間経ったら再び痛くなりますが、次に新しい薬を差し上げるまで、一時間待っていただく必要があります」。

このように彼らが率直で、包み隠さず、友好的で、かつ冷静であることは、私の不安を取り去り、私がこの状況と向き合っていく力を増し加えてもくれました。そうです。私は自分が命の危険にさらされていることは知っていましたが、しかし望みうる最高の場所にいたのです。共感と有能さが組み合わさることで、私の恐れはまったく取り除かれました。私が知らない人、かつ私のことを知らない人によって、自分が尊厳と敬意をもって取り扱われているというシンプルな事実が、何より私を安心させました。私はすっかり周囲に依存していましたが、でも皆が知的な大人として扱ってくれ、秘密にされることは何もありませんでした。自分が知りたいと思うことは何でも知ることが許され、そのようにして、自分の体を完全に自分のものとしておくことができました。私が関わらないところで、自分に関する判断や決定がなされたと感じることは一度もありませんでした。このことは私に、深い信頼と、そう、家にいるような安らぎさえ与えてくれました。私には、全面的に世話を受けたとか、非常に深刻な状態だったという自覚はありません。恐らくそれは、深い意味での安心に満たされていたからなのでしょう。

スーはすぐに会いに来て、しばらくの間、外界とのつなぎ役となってくれました。彼女は、私とデイブレイク共同体をつなぎ、友人たちが心配していること、祈っていることを教えてくれ、家で起こっている細々とした日常の出来事を知らせてくれました。彼女がしばしば訪問してくれることは、私を大いに力づけました。私たちはちょっとしゃべり、たくさん祈り、長い沈黙の時を過ごしました。

私がこうしたことを語らなくてはならないのは、なぜ、私が死を恐れなかったかを説明するためです。私は、脾臓がなお出血を続けていること、なお危機的な状況にあることを知っていましたが、パニックや怒りや恐れや不安に支配されることはありませんでした。自分の反応に驚きました。過去においては、しょっちゅう、内から湧き上がる大きな怒りや動揺を経験しました。私は、自分が拒絶された、捨てられたという苦い感情をなんとか乗り越えて生きてきましたし、自分を麻痺させるような恐れやパニックも知っていました――たいていは、ほんの小さな出来事からそれが引き起こされたのです。私は、人々や、見知らぬ諸々の力を恐れてきました。私は自分がいつも緊張していて、神経質な、不安を抱いている人物であることを知っていました。しかし今や、死に直面して感じているのは、ただ平和、喜びであり、すべてを包むような安心だったのです。

手術

その夜七時までに、たくさんの検査を終えて、外科医のバーンズ先生は言いました。「あなたの脾臓はまだ出血していいます。それを取り出さなければいけません」。「いつですか？」と私が問うと、先生は「手術室が空いたらできるだけ早くに」。少しして、プラサド先生も私に会いに来ました。再び私は死の恐怖を感じていました。ですので先生に言いました。「もし私に死が迫っているなら、どうぞ教えてください。自分が死ぬ備えをきちんとしたいんです。死ぬのは怖くありませんが、知らぬ間に命を離れてしまうのではないかと不安です」。先生は答えました。「私が知る限り、あなたが死ぬ危険はありません。でも出血は止めなくてはいけない、だからあなたの脾臓を取り除く必要があります。数か月で回復するでしょうし、脾臓がなくても元気に生きることができますよ」。

プラサド先生はとても誠実で、包み隠さず語ってくれました。自分の知っていることすべてを私に教えてくれました。しかしながら、私自身は、死の危険が非常に高いと感じ、自分も友人も、それに備えなければいけないと感じていました。どこか心の深い所で、自分の命が真の危機に瀕していると気づいていました。だからこそ私は、これまで自分が踏み入れたことのない場所に近づきました。それは死の戸口です。私はその場所を知り、その周りを「歩き回り」、そして命を越える命に備えたいと願いました。この恐ろし気な場所に自覚的に歩み入ったのは人生で初めてでしたし、死後私がどのような形で新しく存在することになるのか楽しみになったのも初めてでした。慣れ親しんだ世界、過ごしてきた時間、友人、計画、そういったものを手放してみようとしました。後ろを振り返るのではなく、前を見ようとしました。そのドアが私に向かって開かれ、見たこともない何かを見せてくれるのを待ちました。

そのとき、かつて経験したことのない何かを経験しました。それは、純粋で、無条件の愛です。さらに良いことに、私が経験したのは、強烈な、人格的な存在感でした。その存在が私の恐れをすべて脇に押しやり、こう言ったのです。「来なさい。恐れるな。わたしはあなたを愛している」。とても優しいその人格的存在は、私を裁くことなく、ただ私に、信頼すること、完全に信頼することだけを求めたのです。それを単にイエスだと言うことにはためらいを覚えます。イエスという名前では、私が経験した神的臨在を十分に表現できないかもしれないと心配するからです。私はあたたかい光や虹や開かれたドアを見たのではありません。そうではなく、人格的でかつ神的な存在を感じたのであり、そのお方が、すべての恐れを手放してもっと近くに来なさいと、私を招いてくれました。

両親や友人、先生を通じてイエスを知るようになった私は、人生のすべてを、イエスに従うという、困難な試みに費やしてきました。私は膨大な時間をかけて、聖書を学び、授業と説教を聞き、霊的な書物を読んできました。イエスは私にとても近いのですが、同時にとても遠くにおられました。友人であり、見知らぬ人。希望の源であり、恐れ、罪意識、恥の源でした。しかし今や、死の戸口の周りを歩き回ったことで、あいまいさや不確かさは消えていました。私の命の主であるお方がそこにいて、「さあ、わたしのもとに来なさい」とおっしゃいました。

そのお方がそこに私のためにいてくださること、それはまた宇宙を支配するお方であることが、とても具体的にわかりました。もちろん、その方が、私が祈り、語りかけてきたイエスであることもわかりましたが、今や、その方は祈りも言葉もお求めになりませんでした。すべては完璧でした。そのすべてを一言で言うなら、命と愛に尽きます。しかしこれらの言葉は、ある一つの真実の存在において受肉していたのです。そのように命と愛にやさしく包み込まれることで、死は力を失い、しり込みして去って行きました。まるで潮が引いていくく中で海を歩いていくように。私は対岸にたどり着くまで、安全に守られていたのです。すべての嫉妬、恨み、怒りは徐々に消えていき、愛と命が、これまで私を悩ませてきたどんな力よりも大きく、深く、強くなっていくのを知らされました。

帰宅した、という、一つの思いがとても強かったのです。イエスはご自分の家に私を迎え、こうおっしゃっているようでした。「ここがあなたの住まいです」。弟子たちにおっしゃった言葉「わたしの父の家には住む所がたくさんある……あなたがたのために場所を用意しに行く」(ヨハネ14・2)がまさに現実になりました。復活されたイエスは、父の家にあって、長い旅路の末に私をそこに迎えてくださるのです。

この経験は、私が最も長く抱いてきた、最も深い所にある願望を実現するものでした。物心ついた時から私は、イエスと一緒にいたいという願いを持っていました。今や私はイエスの存在を、この手で触れることができるかのように感じていたのです。まるで、私の人生全体が一体となって、私は愛に包まれているようでした。この帰宅したという感覚は、事実帰って来たこと、言ってみれば神の胎内への帰還を意味したのです。私を神秘の内に創造し、地の深淵において形づくり、母の胎内で私を組み立てた神は、長い旅路の末に私を呼び戻してくださいました。そしてこの旅路を通して十分に愛を受け、今やまさに神の子となった者として、私を迎えたいと、神は望んでおられました。今、私は自分のためだけに語っていますし、私は単純に信じています。死に直面したあのとき、とてもはっきりした幻を見たのだ、と。

しかし、それでもやはり、「家に帰って来なさい」という呼びかけを受け入れることには、抵抗がありました。スーが私を訪ねてくれたあるとき、私は彼女に自分の経験を伝えました。死を受け入れることに対する最も大きな障害は、仕事がまだ終わっていないという感覚、そして私が一緒に生きていた人との間で解決すべき問題がまだ残っているという感覚でした。私が赦せていないという痛み、そして私が赦されていないという痛みが、私を、自分という傷だらけの存在に繫ぎとめていたのです。心の眼で、私は、ある人々を見ました。彼らは私の内に、怒りや嫉妬、憎しみさえ引き起こしました。彼らは私に対して奇妙な力を及ぼしました。彼らが私について思うことは決してなかったでしょうが、私のほうでは、彼らのことを思うたびに内なる平安や喜びをかき乱されるのでした。彼らの批判、拒絶、私を嫌っているという表情は、今なお、私が自分に対して抱く感情に影響を与えていました。彼らのことを心から真に赦していないために、彼らに私を支配する力を与えてしまい、私はかつての傷だらけの自分にしばりつけられていたのです。また私は次のことも知っていました。私に対して怒りを抱いている人々がいることや、私について考えたり話したりしようとすれば、かならず敵意が湧いてくるという人々がいることを。私は自分が彼らに何をして、何を言ったか、わかってさえいなかったかもしれません。私は彼らが誰であるかさえ、わかっていなかったかもしれません。彼らは私を赦さず、怒りの内に私をつかんで離しませんでした。

死に直面して私が悟ったのは、私を生に固執させるのは愛ではなくて、解決されていない怒りであるということでした。私から流れ出す真実の愛、あるいは私に向かって流れてくる真実の愛が、私に死を受け入れる自由を与えてくれます。死はその愛を消し去ってしまうのではありません。反対に、死は愛を深め強めます。私が心から愛した人、そして私を心から愛してくれた人は、私の死を悲しんでくれるでしょう。でも私と彼らとの絆は、そのことを通して、より強く深くなっていくに違いありません。彼らは私を思い出し、私を彼らの仲間の一員とし、私の魂を伴って自分たちの旅を続けていくでしょう。

本当に困難な課題は、愛する人との別れではありません。本当に困難なのは私が赦していない人、そして私を赦していない人を残して旅立つことです。この、赦せない、赦されていないという感情は、私を古い体に縛り付け、私に大きな悲しみをもたらしました。私は突然、こう強く願いました。私に対して怒りを抱いている人、私が怒りを抱いている人をベッドの周りに呼んで、彼らを抱きしめ、私を赦してくれるようにお願いしたい、そして私が赦していると伝えたい、と。

彼らについて思いを巡らすうちに、気づいたことがあります。私をこの世界に縛り付けている、たくさんの意見や評価や、さらには非難を、彼らが象徴しているということです。また、私のエネルギーの多くが、私自身に対して、そして他の人々に対して、自分の確信が正しいことを証明するために費やされてきた、ということにも気づきました。その確信とは、ある人々は信用できないこと、また別の人々は私を利用しようとしたり、私をのけ者にしようとしたりしていること、そしてそのような誰もが取るに足りない者である、ということでした。こうして、自分は評価する側の人間であり、人の行為を裁く務めがあるという錯覚に、私は捕らわれてきました。

自分の内で命が弱まってきているのを感じたとき、私が強く願ったのは、赦したいし赦されたい、すべての評価も意見も手放したい、裁くという重荷から自由になりたいということでした。私はスーに言いました。「私を傷つけたすべての人に、私は心底赦していると伝えてください。また私が傷つけてしまったすべての人に、どうか私のことも赦してほしいとお願いしてください」。このことを告げると、私は、軍隊で大尉としてチャプレンの仕事をしていたときに着けていた革の幅広のベルトを、外した感じがしました。そのベルトは私の腰に巻かれているだけでなく、肩から胸にもかけられていました。そのベルトは私に名声と権力を与えました。そのベルトによって私は、人を裁き、身のほどをわきまえさせる、という働きができたのです。私が軍隊にいた時間はとても短いのですが、それでも、心の中では自分のベルトを決して外しませんでした。しかしやっとわかりました。私はこのベルトに捕らわれたまま死にたくはない、と。私は、ベルトを外し、裁くことから完全に自由になり、無力になって死ぬべきなのです。

当時、いちばん心配したのは、私の死によって、誰かが後ろめたさや、恥ずかしさを感じたり、霊的に置き去りにされてしまったように感じたりしないだろうか、ということでした。誰かがこんなふうに言ったり思ったりするのを、私は恐れたのです。「私たちの確執が解消され、私が本当はどう感じているかを伝え、本当の思いを語る機会があることを願っていたのに……。私は今も願っている、でももう遅すぎる」。こうした語られていない言葉と、表に出されていない態度を内に秘めながら生きることが、どんなにつらいことか、私は知っています。そういう言葉や態度は、私たちの闇をさらに深くする可能性がありますし、罪悪感という重荷になりうるのです。

私が死につつあることは他の人々にとって、良いことにも悪いことにもなりえます。それは、私が死に直面してどういう選択をするかにかかっているのです。私は再びスーに言いました。「私が死んだら、みんなに言ってください。私は出会ったすべての人を、心から愛している、と。確執があった人々のことも真に愛している、と。彼らが心配したり、後ろめたさを感じたりすることがないように言ってください。私は父の家に迎え入れられ、そこで私と彼らとの関係はますます深く強くなるのですから。私と一緒にお祝いし、神が私に与えてくださったすべてのものに感謝しようと、彼らに伝えてください」。

それが、私ができたすべてのことでした。スーは私の言葉を心を開いて受け止めてくれましたし、私はこの言葉が彼女によって実を結ぶことがわかっていました。彼女は私をとても優しく見つめ、すべてのことがうまくいくと、教えてくれました。そのとき以来、私は自分をイエスに委ね、母鳥の羽の下で守られている小鳥のような平安を感じたのです。その平安の感覚は、苦しみが終わりを迎えたという自覚と関係がありました。その苦しみとは、受け取りたい愛を受け取ることができないこと、そして最も与えたいと願う愛を与えることができないことに起因するものでした。またこの苦しみは、拒絶された、捨てられたという感覚から湧き上がるものでもありました。

大量に失われつつある血は、私を長年にわたって悩ませてきた苦しみを表す、メタファーとなりました。苦しみも私から流れ出し、心のすべてをもって熱望していた愛についてようやくわかるようになりました。イエスがそこにおられて、私に父なる神の愛を与えてくださいました。その愛は、私が最も受け取りたいと願っていたものであり、すべてを与えることを私に可能にさせるものでもありました。イエスご自身が苦しみの中を生きてくださいました。ご自身が最も価値を置いているものを与えられず、受け取ることもできないという痛みを、イエスは知ってくださいました。しかしイエスは、その苦しみの中でも、父なるお方を信頼して生きました。御父は御子を地上に送ったお方であり、御子を独りぼっちで放っておくことは決してありませんでした。そして今やイエスは、そこに、すべての苦しみを越えて立っておられ、私を「次の国」へと呼んでくださいました。

イエスの母であるマリアもそこにいましたが、その存在感は薄いものでした。マリアは背後にとどまっていたいと思っているようでした。最初、私はイエスの鮮明な存在感に心を奪われたので、マリアについてはほとんど意識に浮かばなかったのです。ただ振り返ってみると、マリアがそこにいて、私の心が御子の心に出会う様子をやさしく見つめていたことがわかりました。私はこれまでに数えきれないほど祈ってきたのです。「神の母聖マリア、わたしたち罪びとのために、今も、死を迎える時も、お祈りください」〔訳注・カトリック教会の「聖母マリアへの祈り」の一節〕。この「今」と「死を迎える時」が一つになったのであり、たとえ私が注意を払っていなくてもマリアがそこにおられる、と気づきました。痛みのゆえに私は言葉によって祈ることができず、十分に考えることもできませんでした。しかし看護師が木製のロザリオを握らせてくれるたびに、慰めを感じました。ロザリオの数珠に触れること以外何もできなかったのですが、それが、祈るために私がなすべき唯一のことのように思いました。言葉に出すことも、考えることもなく、ただ触れるだけでした。

看護師が私を手術室に運び、腕を広げた状態で手術台に私を固定したとき、私の内にはまったくの平和がありました。そしてマスクをした人々の中にプラサド先生を見つけました。思いがけないことでしたので、彼女がそこにいることをとてもうれしく感じました。彼女の存在は、私が知られており、大切にされているという感覚を与えてくれました。それと同時に、彼らは私にどうやって麻酔をかけるのだろうか、と思いました。質問すると、看護師が注射をすると教えてくれました。彼女が注射すると、それが、私が覚えている最後の出来事となりました。

数週間たって、プラサド先生が手術中に何が起こったかを教えてくれました。「血の海に浮かぶ孤島のような脾臓を見たとき、あなたが手術を無事に終えることができるかどうか、不安になりました。あなたはすでに血液の三分の二近くを失っていましたから、あなたを生かし続けることができるか危ぶんだのです。でもバーンズ先生は出血を止め、あなたの脾臓を取り出すことに成功しました。彼があなたの命を救ったのです」。外科医であるバーンズ先生もプラサド先生も、検査からは、出血がこれほどひどいとは予測していなかったのは明らかでした。でも私が集中治療室に帰ってきたときには、手術に関わった人々は、私が死の危険をかろうじて潜り抜けたと感じていたのです。麻酔から覚めてまもなく、看護師の一人が「よかった。彼に感謝しなくてはね」と言いました。バーンズ先生のことを言ったのだと思ったのですが、尋ねてみると、彼女は神のことを言っていたのでした。

回　復

手術に続く日々の中で、私は、自分が死ななかったこと、そして間もなく回復しそうなことにどんな意味があるのだろうかと考え始めました。私が危機を脱して健康を回復していくことに、スーを始め訪問してくださる多くの人々が、とても喜んで感謝してくれましたが、他方、私は明らかな現実に直面しなければなりませんでした。解放されたはずのこの世に、戻って来たのだ、と。生きていることは私にも喜びでしたが、しかし深いところでは、困惑し、「なぜイエスはまだ私を故郷へと呼び戻してくださらないのか」と疑問を抱きました。確かに、友人たちの中に戻って来られたことはうれしかったのですが、しかし、なぜ、この「涙の谷」（“vale of tears”）に戻って来るほうが私にとって良かったのか、自問せずにはいられませんでした。これからも家族や共同体と一緒にいられると知って私は本当に深く感謝しましたが、しかし私はまたわかっていました。この地上でさらに長く生きることは、さらに多くの格闘、痛み、苦しみ、そして寂しさを経験することになるでしょう。ですから、私の回復に対していろいろな人が示してくださった感謝の言葉を受け入れることは、心の内では、簡単ではありませんでした。「私が死んだほうがあなたにとって良かったかもしれない。私がいなくなることによって、あなたはもっと神に近くなったかもしれない」と言葉にして言うことはできませんでしたけども、しかし私の魂はそんなふうにつぶやいていました。

私の問いは、このようなものになりました。「なぜ私は生きているのか。なぜ私は神の家に入る準備が整っていると見られなかったのか。なぜ私は、愛がこんなにも不明瞭で、平和を経験することがこんなにも難しく、喜びが悲しみの奥底に隠されているようなこの場所に、戻って来ることを求められたのだろうか」。さまざまな問いが湧き上がってきましたが、その答えを得るにはゆっくりと成長していくしかないことを知っていました。残された年月を生きていく中で、その問いはいつも私と共にあるでしょうし、その問いをまったく忘れてしまうことは私には許されていないのでしょう。この問いは私を召命の中心へと連れて行きます。それは、神と共にありたいという燃えるような願いを持って生きること、そして完全に成し遂げることはできないとしても神の愛を伝え続けるように求められていることです。

死に直面して、私はこの召命に付随する葛藤をより深く理解するようになりました。この葛藤は解消すべきものではなく、それが実を結ぶようにより深く取り組むべきものであることは明らかです。この経験を通して私が学んだのは、私は、他者のために死ぬことへと召し出されているということです。とても単純な真実は、私の死に方が多くの人に影響を与えることです。もし私が怒りと苦々しい思いに満ちて死ぬなら、私は、家族と友人を混乱と罪意識と恥と弱さの中に置き去りにすることになるでしょう。

自分の死が近づいているのを感じたとき、突然わかったのは、後に残していく人々の心に、私がどんなに大きく影響を与えうるかということでした。もしも私が次のことを本当に語ることができるなら――つまり自分の人生をとても感謝していること、赦し赦されることを強く求めていること、私を愛してくれた人々がこれからも喜びと平和の内に自分の人生を生きていくように心から願っていること、私を呼んでいるイエスが私の人生になんらかの形で関わったすべての人を導いてくださると確信していることを本当に語ることができるなら――、私は死に際して、霊的なまことの自由を明らかにするでしょう。これまでの人生で決して示すことができなかったほどの、真実な霊的自由を。

私は、死ぬことは、生きる上での最重要の行為だと確信しました。死ぬことによって他者を罪意識に縛り付けることもできれば、感謝のうちに彼らを自由にすることもできます。つまり、誰かに命を与える死になるかもしれないし、誰かを殺す死になるかもしれません。死んでしまった人が生前望んでいたことがあったのに、それをしてあげられなかったという後悔を、多くの人が抱えていることを私は知っています。でもその消しがたい罪の意識をどうやって癒やせるのか私にはわかりません。死ぬことは、死者が後に残す人々を自由にするための、特別な機会なのです。

私が「死につつあった時」、いちばん強く思ったのは、私の死を悼んでくださる方々に対する自分の責任ということでした。彼らは喜びの内に悼んでくれるでしょうか、あるいは罪悪感の内に？　感謝しながら？　自責の念に駆られながら？　彼らは見捨てられたと感じるでしょうか、あるいは自由になったと感じるでしょうか？　私を深く傷つけた人もいれば、私によって深く傷つけられた人もいました。私の内的な生活は、彼らから強い影響を受けました。そのような人々を怒りの内に、あるいは罪悪感の内に繋ぎ留めたいという誘惑に強く駆られたこともありました。しかし、彼らを解放し、私自身をキリストにある新しい命に対して完全に服従させることもできる、ということも知っていました。

イエスを通して神に繋がりたいという私の深い願いは、人間同士の関わりを軽視することから発しているのではありません。そうではなくて、キリストにおいて死ぬことは必ず、後に残す人々への最大の贈り物になるという真実を、強く感じることから発しているのです。この視点によれば、人生は準備のための長い旅、つまり他者のためにまことを尽くして死ぬことができるように準備するための旅です。言ってみれば、人生は小さな死の連続です。その途上において、固執するさまざまなものから自由になることを求められ、人を求めることから人のために生きることへと移行していくように求められます。子供から青年へ、青年から大人へ、大人から老人へと私たちが移行していくなかで、繰り返し、自分自身のために生きるのか、他者のために生きるのかを選ぶ、新しい機会を与えられます。この人生の移り行きの中で繰り返し突きつけられ、厳しい選択を迫るのは、次のような問いです。「私が求めるのは権力か、仕えることか」「私は目立ちたいのか、それとも隠れ続けていたいのか」「私は出世を必死で求めるのか、自分の召命に従いたいのか」。この意味で、私たちは人生を、自分に死んでいくことの長いプロセスであると語ることができます。自分に死んでいくことによって、神の喜びの中を生きることができるようになるでしょうし、自分の命をすっかり他者に与えることができるのです。

自分の死に直面して与えられた光の中でこのように考えるようになりましたが、同時に気づいたのは、このような考え方が、私が一緒に生きてきた人、一緒に働いてきた人にとって馴染みのないものであり、何より私にとって馴染みのないものであったことです。死に直面して初めて、人生の全体像が、おそらくはほんの束の間ですが、はっきりと見えたのでした。自分に死ぬという考え方を、頭ではわかっているつもりでしたが、死そのものに直面して、ようやくその意味を完全に理解したように思いました。私がすべてを手放すこと、そして、そうすることによって私の人生が他者にとって実り豊かなものになるとすっかり信じること。イエスが私にそのようにしなさいと命じておられるとわかったとき、私は突然、自分の最も深い召命が何であるかもわかったのです。

死と出会うことで、私は、肉体的な死の意味、そしてそれに先立ち生涯を通して自己に死んでいくということの意味について、新しい何かを教えられました。私がもう一度、生きることへ、そしてその中でのたくさんの苦闘へと送り返されたことは、新しい方法で神の愛を伝えるように求められているということなのだと、私は信じます。これまで私は、時間を基に永遠を、過ぎ去る現実を基に永続する真実を、人間の愛の経験を基に神の愛を、考え語ってきました。しかし「あちら側」に触れた後は、新しい証言を求められているように感じます。それは、無条件の愛の場所から、あいまいな世界に向けて語ることなのです。これはあまりに根本的な変化であり、仲間たちの心に届く言葉を見つけるのはとても難しく、不可能にさえ思えます。しかし言葉は必ず生まれ、人の心の最も深くにある願いを呼び覚ますはずだと感じています。

私はイエスが御父に語った言葉を新しく聴きます。「わたしが世に属していないように、彼らも世に属していないのです。真理によって、彼らを聖なる者としてください。あなたの御言葉は真理です。わたしを世にお遣わしになったように、わたしも彼らを世に遣わしました」(ヨハネ17・16—18)。死の間際に神の愛を経験したことは、私自身が世に属していないこと、この社会の闇の力に属していないことについて、新しい知識を与えてくれました。この知識は心深くに入ってきて、私は、自分が何者であるか（アイデンティティ）をより十全に受け入れるように導かれました。私は神の子であり、イエスの兄弟です。私は神の愛の親密さの中で、安全に守られています。

イエスはヨルダン川で洗礼を受けたとき、天からの声を聴きました。「これはわたしの愛する子、わたしの心に適う者」（マタイ3・17）。この言葉は、「愛された者」というイエスの真実のアイデンティティを明らかにしました。イエスはその声を真実に聞きました。それゆえイエスの思いも言葉も行動もすべては、自分が神に永遠に愛されているという深い認識から発しているのです。イエスはその内なる愛の場所に深く根差して、生涯を生きました。人間の拒絶や嫉妬や恨みや憎しみが彼を深く傷つけましたが、しかし彼はいつも御父の愛に固く結びついていました。生涯の終わりに、イエスは弟子たちに言いました。「だが、あなたがたが散らされて自分の家に帰ってしまい、わたしをひとりきりにする時が来る。いや、既に来ている。しかし、わたしはひとりではない。父が、共にいてくださるからだ」（ヨハネ16・32）。

私は今やわかっています。洗礼のときにイエスに語られた言葉は、私にも、そしてイエスの兄弟姉妹であるすべての人にも語られたものであると。自分を拒絶し、自分を見下すという私の傾向は、この言葉を真実に聞くことを、そしてこの言葉を心の中心へと収めることを困難にします。しかしいったん私がこの言葉を完全に受け取るや、自分の能力をこの世に対して証明しなければいけないという強迫観念から自由になり、世に属さずに世を生きることができるようになります。自分が神の愛する子であり、無条件に愛されている者であるという真実をいったん受け取るや、私は、イエスに倣って語り、行動する者として世に遣わされることができるのです。

私が直面している大きな霊的課題は、自分が神に属していることを完全に信じることです。そうすれば私は、この世において自由になることができます。つまり、自分の言葉が受け入れられないときにも自由に話すことができ、行動が批判され、あざけられ、無意味だと見なされるときにも自由に行動できます。そして人々から愛を受け取り、この世における神の臨在のしるしすべてを感謝することにおいても、自由でいられるのです。自分が限りなく愛されていると完全に信じることができるとき、私は真実に世を愛することができるのだ、と確信しています。

手術から目覚め、自分がまだ神の家にはおらず、なおこの世において生きていると気づいたとき、私がすぐに感じたのは「遣わされた」ということでした。愛に飢え渇いていながら、その愛をこの世に探そうという空しい努力をしている人々に、御父のすべてを包み込む愛を知らせるために「遣わされた」のだと。

私は今や理解しています。「知らせること」のために第一に考えるべきは、言葉や議論や文体や方法ではありません。最も大切なのは、真実に生きることであり、説得よりも実演してみせることなのです。それが証しです。私は、この世に送り返されている間も、あちら側に居続けなければなりません。私は、時の流れの中で人間的な探求をしている間も、永遠を生きなければなりません。私は自分を人々に差し出している間も、神に属していなければなりません。

永遠に触れてしまった以上、それがまだここに存在しないかのように、遠くを指し示すことは不可能に思えます。イエスは、ご自分と御父との親密で断ち切られることのない交わりを基に、この世へと語りかけ、天と地を結んでくださいました。ニコデモにイエスはおっしゃいました。「わたしたちは知っていることを語り、見たことを証ししている」(ヨハネ3・11)。私はイエスのようになり、見たことを証しできるでしょうか。ええ。私は神の内に生き、人間の現実に向けて語ることができます。私は永遠に続くものの中で安らぐことができ、過ぎ去るものの内に意味を見出すことができます。私は神の家に住み、人々の家でもなお安らぐことができます。いのちのパンに養われていますが、食べ物がなく飢え死にしそうな人々のために正義を求めて働くことができます。この世のものではない平和を味わいつつ、地上に正義と平和を打ち立てるための人間たちの闘いに参加することができます。自分がある意味でたどり着いたことを確信しつつも、そのたどり着いた地点から、神を求め続ける私自身とほかの人々の営みに加わることができます。自分が神のものであるという経験を、帰る家がなく身の置き所がないという人間的な痛みを私が生きるうえでの、拠り所にすることができます。

しかしながらそこには危険もあります。偽りの安心感、空想上の明晰さ、さらには絶対主義、教条主義といった危険であり、それは支配したいという昔ながらの欲望と紙一重です。永遠を基に時の中へ語りかけることは、容易に、抑圧的なものと受け止められます。というのも、問いを発する前に答えが予め与えられているからです。しかしイエスの働きの全体は「上から」の働きであり、天の御父との関係から生み出された働きでした。イエスが発したすべての問い、イエスが与えたすべての答え、イエスが生み出したすべての対立、そしてイエスが与えたすべての慰めは、御父の無条件の愛についてイエスが知っていることに根差していました。イエスの働きが抑圧的でなかったのは、その働きが、ご自分が無条件に愛されているのを深く経験していることに基づいており、承認や受容を欲する人間的な思いの影響をまったく受けていなかったからです。イエスが完全に自由であったのは、世に属さず、全面的に御父に属する者であったからに他なりません。

イエスの働きは、キリスト者の働き全体のモデルです。ですから「上から」語ることが、権威主義的であったり、人を思い通りに操ろうとするものであったり、抑圧的なものであったりすることは、本来ありえません。それは、愛に根差しています。その愛は、人間関係に影を落とす強制や強迫から自由であるばかりか、思いやりと赦しの心で人の苦しみに寄り添うことへの自由なのです。

私にとっての問いは、自分が死に直面したことで、世に対する依存から自由になっているだろうか、そして自分の召命に——私は今、それを上から「派遣された」こととして捉えているわけですが——忠実でいることができているか、ということです。この私の召命には明らかに、祈り、黙想、沈黙、一人静まること、内的な平安が含まれています。私は世に属すために、「属さないこと」を選び続け、上からの者であるために、「下からの者でない」ことを選び続けなければなりません。神の無条件の愛の味わいは、日常の営みに取り込まれてしまうなら、すぐに消えてしまいます。病院のベッドで感じ取った人生の意味の明確さは、日々なすべきことにもう一度追われるようになり、再び人生が占拠されてしまうなら、すぐに消え去ってしまいます。

イエスの弟子であり続けること、イエスの愛に留まり続けること、まずもって上から生きること、そのためにはたいへんな訓練を必要とします。しかし病院での経験が真実なものであることを否定することはできません。たとえそれが、雲に覆われた空の向こうに太陽の輝きを垣間見たに過ぎなかったとしても。人生を覆う分厚い雲は、もはや私をだまして、太陽が温かさと光を与えていることを私から隠しておくことはできません。イエスはおっしゃいます。「わたしは道であり、真理であり、命である」。この言葉は私にとっては、もはや単に思いめぐらし、黙想するためのものではありません。この言葉が私の存在の中心に触れ、手に触れられるリアリティとなりました。このリアリティから見ると、イエスを通して私に示されたように、人も物も出来事も神の愛と命につながっているがために、リアルなのです。

この神とのつながりなくしては、人も物も出来事も永続する本質をたちまち失ってしまい、消えていく夢、はかないファンタジーのようになってしまいます。真実の方である神とのつながりを失ってしまえばすぐに、私は日常の無数の「リアリティ」に再び絡めとられるでしょう。その「リアリティ」を、私は、まるでそれが最高の価値であるかのように受け取ってしまうのです。神を自分の心の中心に置き続けようとする、明確で自覚的な思いがなければ、病院での経験は桂なくして、ちょっとした信仰の思い出と大差ないものになってしまうでしょう。

私が順調に回復していることに対する友人たちの反応を通して、私は、私たちの社会において、生と死がどのように理解されているかを、考えさせられました。私が健康を取り戻したことを誰もが祝福し、もう一度元気になったことを神に感謝してくれました。私は彼らの心遣いと愛情に深く感謝しましたが、他方、死に近づいたときに神と出会ったことによって、「再びよくなる」ことは私にとっての最良の出来事なのだろうか、とも考えました。このあいまいな世界を離れ、神とのまったくの交わりの内に帰るほうが、よかったのではないでしょうか。死を免れないこの世界を離れ、朽ちることのない神のリアリティの内でまったくの平安を得るほうが、よかったのではないでしょうか。到着することは、途上にあり続けるよりもよいことだったのではないでしょうか。私に手紙をくれ、電話をくれ、花を贈ってくれ、私を訪ねてくれた、どの人も、そのようには考えていないようでした。そのことは私を驚かせはしませんでした。今回の経験がなければ、私だって同じように友人の病気を受けとめていたでしょう。

それでもなお、私は、いささか驚いていました。かつてと同様の生活に戻ってきたことは、私の事故の最良の結末では必ずしもないと、誰も、示唆することさえしないのを。誰も次のようには書いてきませんでした。「あなたに命をお与えくださった主と、完全につながれるにはまだ準備不足のようだとわかって、がっかりしているに違いありません。でも、旅の仲間として、私はあなたが人生の格闘に戻ってきてくれたことを歓迎します」。数多くの礼拝式文によって私たちは、永遠の喜びと平和の内に神と共に生きることを熱望していると語るのですが、これは明らかに私たちの真の願望を表現してはいません。この地上での生活は、たとえそれが痛みと不幸に満ちていたとしても、私の友人たちにとっては、死という境界を越える神の約束を成就するよりも、望ましいことなのです。私は何らかの皮肉をこめて言っているのではまったくありません。私自身、友人たちと変わらないことはよくわかっています。ただ、人生の鏡の向こう側を垣間見たゆえに、私は今、こんなふうに考えています。この世の生活にしがみつくのに必死であることは、私たちの信仰の最も基本的な点――すなわち、永遠の命に対する信仰――との繋がりを失っていることを示唆しているのではないでしょうか。

このことすべては、この世の生活に戻ってくることの真の意味を発見するよう、私を助けてくれます。私はますます、自分がこの余分の数年を与えられたのは、もう一つの側面からそれを生きるためではないか、と考えるようになりました。神学は、神の視点から世界を見ることを意味します。恐らくは、私は、より神学的に生きる機会を与えられているのです。そしてそれは、通り過ぎるバンのミラーにぶつからずとも同様に生きることができるように、ほかの人を助ける機会なのです。

私が次第に完全な健康を取り戻すにつれて、パウロのディレンマ――生をもってキリストをあがめるか、あるいは死をもってそうするか――は私自身のものになりました。このディレンマによる葛藤は、今、私の生活の根底にあります。パウロはこう記しています。

「わたしにとって、生きるとはキリストであり、死ぬことは利益なのです。けれども、肉において生き続ければ、実り多い働きができ、どちらを選ぶべきか、わたしには分かりません。この二つのことの間で、板挟みの状態です。一方では、この世を去って、キリストと共にいたいと熱望しており、この方がはるかに望ましい。だが他方では、肉にとどまる方が、あなたがたのためにもっと必要です。こう確信していますから、あなたがたの信仰を深めて喜びをもたらすように、いつもあなたがた一同と共にいることになるでしょう。そうなれば、わたしが再びあなたがたのもとに姿を見せるとき、キリスト・イエスに結ばれているというあなたがたの誇りは、わたしゆえに増し加わることになります」(フィリピ1・21―26)。

通常の生活に戻った今、パウロのこの言葉がますます自分を導いてくれるものとなるよう祈っています。自分の死が、他の人々にとっての贈り物になりうることがわかったのですが、私は今、次のことも知っています。私がまだ生きているこの人生も同じように贈り物になるのだ、と。なぜなら、死ぬことも生きることも、その本来の意味は、イエス・キリストの栄光の内にあるからです。ですから、何も思い悩むことはありません。復活のキリストは、生者の主であり、死者の主です。すべての栄光も誉れも賛美もキリストのものです。通り過ぎるバンのミラーが私にぶつかったことは、まさにこのことを私に思い出させるためだったのかもしれません。

エピローグ

死の戸口で経験したことを記してから、数か月が過ぎました。煩雑な日常生活にもう一度どっぷりと浸かっている今、この経験をもう一度振り返って、私は自分に尋ねなければなりません。「私は自分が学んだことを保ち続けられているだろうか」。

最近、ある人が私に言いました。「あなたが大けがをしても落ち着き払っていたとき、あなたを訪れる多くの人が、あなたから発せられる真の平和を感じました。でもあなたは癒やされ、再びたくさんの仕事を引き受けたので、かつてのあなたの落ち着きなさや不安がもう一度現れています」。私はこの言葉を真摯に聴かなくてはなりません。鏡の向こう側を垣間見た経験はリアルで力強いものでしたが、私たちのせわしない社会の求めが再び押し寄せてくるとき、あの経験は、私を神にとどめておくことはできないのでしょうか。私は、病院での経験で得た真実から離れずにいることができているでしょうか。

一見すると、それは不可能に思えます。経験することがすべて断片的でばらばらである場合に、どうしたら私は、神の愛が持っている、統合する力、回復させる力を信じ続けられるでしょう。今日、私が生きている世界はもはや、恵みの種が健やかに育ち、豊かな実りを結ぶような肥沃な土壌だとは思えません。たくさんのブルドーザーが、私の周囲の美しい農場を破壊し、駐車場に並んでいる車のように、家を詰め込んで建てる準備をしているのを見ると、私は知らされるのです。静まりも沈黙も祈りも、鹿と一緒に逃げていったのを。競争、野望、対抗意識、権力と名誉への渇望が、空気を満たしているように感じます。私が身を置いていた集中治療室のベッド、そしてヨーク中央病院一五階のベッドは、都市の「発展」がもたらす混沌と比べると、安全で聖なる場所のように思えました。

とは言うものの、私には、障がいを持つ人々と援助者たちが共に生きる、私自身の共同体があります。彼らについてはどうでしょう？　彼らが不可能を可能にしてくれる、と私はどこかでわかっています。というのも、この権力に飢えた世界のただ中にあって、私たちの共同体はたくさんの弱さと傷つきやすさを持っていますから、神が私たちに愛を――死の戸口で私に見せてくださった愛を――繰り返し思い出させてくださるのです。

病院での最後の数週間で、私を最も元気にした出来事は、父、妹、友人、そして共同体のメンバーがお見舞いに来てくれたことでした。彼らにはこのために割くことのできる時間がありました。彼らにはそれ以上に大切ななすべきことは何もありませんでした。彼らは私のベッドのそばに座り、ただそこにいることができました。特に最も重い障がいを持っている友が、まさしく私への贈り物です。アダム、トレイシー、シー・フーは車いすで来てくれました。彼らは何も言いませんでしたが、彼らはそこにいて、彼らが愛されているように、私も愛されていることを思い出させてくれました。死の戸口で私が経験したことはリアルなことで、信頼できることであると、彼らは私に告げたがっているように思えました。そして自らの無言の存在を通して、彼らは語ってくれました。私があの経験に対して誠実であり続けるように、彼らが助けてくれると。シー・フーが私を見舞いに来たとき、彼は車いすの上で飛び跳ねていましたが、私が彼を抱きしめると、彼は私の顔じゅうにキスしてくれました。彼は私たちの交わりを完全なものにしてくれました。私は彼に近づきたいと思っていましたが、最終的には彼が私に近づいてくれて、こう言ってくれたかのようでした。「心配しないで、ぼくは一人でお風呂に入っているよ。でもぼくのそばにいて。君が病院のベッドで学んだことを忘れないように」。

私は病院で与えられた平和も自由もほとんど失ってしまいました。それを後悔し、悲しみに暮れてさえいます。たくさんの人、たくさんの計画、たくさんの誘いが、またもや身の回りにあります。そのすべてを行う時間も余裕もなく、完全な満足を覚えることも決してありません。病院にいたときのように落ち着いて集中することは、もはやできません。あのときのようにできたら、と願います。それを切望しています。たくさんの忙しい人々も同じ切望を抱えているのでしょう。

シー・フーを始め、この世にあって弱く傷ついたすべての人は、何かを証明することも、何かを成し遂げることもありませんが、彼らは私への賜物です。彼らは、私が知らされた真実の場所へ立ち返るように、繰り返し語ってくれるのです。彼らはこの世の成功を獲得したり、経歴が傷つかないように苦心したり、名声を上げることに躍起になったりすることはありません。彼らはいつも「集中ケア」(intensive care)を受けていて、いつも誰かの手を借りていて、いつも死の戸口にいます。彼らは手を引いて私を導き、私の内にあるあの場所へと連れて行ってくれます。その場所では、私は彼らと同じように、弱く、傷つき、誰かを頼らなければなりません。それは真の貧しさの場所であり、そこで神が私に祝福を告げ、私にこう言ってくださいます。「恐れるな。あなたはわたしの愛する子、わたしの心に適う者」。

私はイエスの言葉を思い続けています。「心を入れ替えて子供のようにならなければ、決して天の国に入ることはできない」(マタイ18・3)。私は事故にあったおかげで、少なくともわずかの時間は、幼い子どものようになり、神の国を束の間味わうことができたのだと、わかります。しかし今や、幼子のようであることを離れるという誘惑に、私はもう一度さらされています。だから回復してからよりも入院していたときのほうが、私から与えられるものが多かったと友人たちが感じても、私は驚かないのです。しかしながら私は、自分をもう一度神の国へと向かわせてくれる別の事故を、座って待っていることはもうできません。私はただ、自分が置かれた世界に対して、目を開いていなければなりません。そしてこの世界で、私が子どもになることを繰り返し助けてくれる人を見出さなければなりません。私は確信しています。私が経験した事故は、自分が誰であるかを、そして自分が誰になるように呼ばれているかを、思い出させてくれるものだったのだ、と。

〈付録〉死に備える

一九九二年四月、ヘンリ・ナウエンは重い感染症を経験した。この「死に備える」は、彼が二度目に死の淵から生還して後、講話のために用意した原稿の一部である。

「おめでとう」と看護師が言いました。事故の後の手術を終えて、私が目覚めたときです。「何がおめでたいの？」と私は尋ねました。「手術が成功したの。とてもラッキーよ。おめでとう！」と彼女は言いました。

私は死ねたかもしれませんが、死にませんでした。

数年が経って、私はもう一度病院に戻ってきました。「あなたは危険な感染症にかかっていいます」と医師が言いました。「私たちはあなたに少しでも長生きしてほしいと思っています。そのためには、私の言うことを聞いて、そんなに忙しくするのをやめなければ！」。私はまたやってしまったのです！　しかしこれは、どういうことなのでしょう。弾丸が脳を射抜くまで、ロシアンルーレットを続けることなのでしょうか。もしかするとあと一〇年、二〇年、三〇年、生きることができるのかもしれません。しかしそのこと自体が最も大切なことでしょうか。あるいは、死に近づくこうした出来事が、死に備えるように私に告げているのでしょうか。死ぬのは確かなことです。私の将来に関するほかのすべてのことは、不確実です。しかし私はなお、死が人生において最も不確実な出来事であるかのように、生きています。私は死を無視し、それについて多くを語らず、自分がまだできる多くのことに自分の力を注いでいます。

　でも実のところ、私は、自分自身とも、友人たちともゲームを続けていたくはありません。死は私を取り囲んでいます。私と同じ年に生まれた多くの人がすでに死んでいますし、多くの人は私と同じほど生きることはできません。友人たちはがんで、エイズで、突然の事故で死にました。私が視野を広げ、自分がなじんだ狭い範囲を越えて見渡すなら、毎日何千もの子どもたちや大人たちが飢餓で、暴力で、戦争で亡くなっているのがわかります。私たちは死ぬ準備ができているでしょうか。

　もしも死が終わりであり、無であり、時計が止まる時だと信じているなら、準備するものは何もありません。なすべき唯一のことは可能な限り長く生きることです。しかし私は死が終わりだとは思っていません。

人生を通じて私が学んだことのすべては、そして死に直面して私が経験したことのすべては、死が第二の誕生のようなものであり、命の新しい道へと私を導いてくれるものだということです。私は、自分の最初の誕生については、何も言うべきことがありません。しかし第二の誕生については、言うべきことがたくさんあり、それに備えることもできるのです。

私がこのことをとても率直に、自由に語れるのは、信じているからです。私は、自分の命が——その期間が長くても短くても——神からの贈り物であると信じています。私は、命を与えてくださった神が、永遠の愛で私を愛してくださっていると信じています。私は、この永遠の愛が死よりも強いと信じていますし、人生で起こるすべてのことが、私に機会を与えてくれていると信じています。それは、私の死を二度目の誕生とするための機会なのです。

訳者あとがき

本書には、『最大の贈り物』と『鏡の向こう』という、元は独立していた二冊が収められています。『最大の贈り物』はかつて聖公会出版から刊行されていたものでした。死とケアを論じる重要な論考であり、「ナウエン・セレクション」の第三冊目として訳を見直して刊行することにしました。

そして同時に、未邦訳であった『鏡の向こう』を今回新たに訳出し、合わせて収録することも決めました。というのもこの二冊は、テーマにおいて深く響き合っているためです。

本書では『最大の贈り物』『鏡の向こう』という順番で並んでいますが、実際にナウエンが書いた順番は逆です。自らが瀕死の重傷を負った経験とその中での思索を記したのが『鏡の向こう』、それをさらに熟成させた省察が『最大の贈り物』であると言えます。

この合本の「死を友として生きる」という書名は、『最大の贈り物』に出てくる印象深い言葉「befriending death」（本書では「死と親しむ」と訳されている）からとったものです。

『鏡の向こう』の原著は一九九〇年に刊行されました。二〇〇一年には、ナウエンの友人である修道士ロバート・ダーバックによる「序文」と、本書執筆後にナウエンが語った講話の抄録「死に備える」を追加した増補版が出ました。ここに訳出したのはこの増補版です。

一九三二年に生まれ、九六年に心臓発作で急逝したナウエン。その人生の歩みにおいて、この『鏡の向こう』は小著ながら独自の光を放っています。

ナウエンは八五年にハーバード大学神学部を辞し、障がいを持つ人と持たない人が共に暮らすラルシュ共同体での生活を始めます。カナダ・トロントのラルシュ（フランス語で「箱舟」の意味）に温かく迎えられたナウエンは、ようやく求め続けてきた真の平安を得ます。ただし、ラルシュで過ごした人生最後の一〇年間においても、なお彼の探求の旅は続きました。

ある研究者（Michelle O'rourke）は、ラルシュでナウエンが経験した重大事として次の三つを挙げています。

まずアダム・アーネットとの出会いです。アダムは知的にも身体にも重い障がいを持つ男性です。ナウエンは、このアダムとラルシュで共に生活することを通じ、アダムの内に息づくキリストに出会っていきます（その詳細は、ヘンリ・ナウエン『アダム　神の愛する子』日本キリスト教団出版局、二〇二〇年をお読みください)。

二つ目はナウエンに訪れた「魂の暗夜」です。ラルシュで充実した生活を送っていたナウエンでしたが、八七年の終わりに、重いうつ状態に陥ってしまいます。しかしそれは彼が自分と向き合い、神に立ち帰る機会となりました(この経験については、ヘンリ・J・M・ナウウェン『心の奥の愛の声』女子パウロ会、二〇〇二年をお読みください)。

そして三つ目が、八九年冬に交通事故にあったことです。この事故について記しているのが、このたび初めて日本語に訳された『鏡の向こう』なのです。

「鏡の向こう」は、地上の生涯の向こうを意味するのでしょう。彼は瀕死の重傷を負うことで、この「向こう」を垣間見ることになります。そこにナウエンが見たのは神の愛でした。そこに聴いたのは「恐れるな。あなたはわたしの愛する子」との御声でした。その詳細は、ぜひ本書を読んでいただきたいと思います。

ここでは、その後の彼の歩みにおいて大切な、次の言葉を紹介します。「手術から目覚め、自分がまだ神の家にはおらず、なおこの世において生きていると気づいたとき、私がすぐに感じたのは『遣わされた』ということでした」(160ページ)。

事故の後の人生について、ナウエンはこんな言い方もしています。「神学は、神の視点から世界を見ることを意味します。恐らくは、私は、より神学的に生きる機会を与えられているのです。そしてそれは、通り過ぎるバンのミラーにぶつからずとも同様に生きることができるように、ほかの人を助ける機会なのです」（166ページ）。

「鏡の向こう」に輝く神の愛を垣間見せていただいたうえで、もう一度地上に「遣わされた」者として、ナウエンはまず『鏡の向こう』を九〇年に、さらにそこでの気づきと思索を深めた『最大の贈り物』を九四年に刊行したのでした。それればかりか九〇年代のナウエンは、『愛されている者の生活』『放蕩息子の帰郷』（邦訳は共に、あめんどうより）などの名著を矢継ぎ早に生み出していきます。その土台に、『鏡の向こう』に描かれる事故と、そのときに与えられた福音の確信、生きる視点の根本的な逆転、新しい使命があったはずです。

この合本の企画を相談させていただいた酒井陽介神父様、ご自分の経験を踏まえてすばらしい解説を書いてくださった中村佐知様に感謝いたします。

二〇二一年九月

土肥　研一

解説

「死ぬことを生きることと同じくらい自分のものにする」ために

翻訳家 中村 佐知

私たちは、「良く生きる」ことについては考え、教えを受ける機会があっても、「良く死ぬ」ことについて考えたり教えを受けたりすることは滅多にないのではないでしょうか。本書には、死と向き合うことをテーマにした『鏡の向こう』(*Beyond The Mirror: Reflections on Death and Life*, 2001) と、『最大の贈り物』(*Our Greatest Gift: A Meditation on Dying and Caring*, 1994) の二作が収録されています。「良く死ぬ」とはどういうことか、それが本書を貫くテーマです。

この二作の両方において、ナウエンが自分の命はあと「一〇年、二〇年、三〇年」は残されているだろうと仮定しているとおぼしき記述があります。当時の彼は、『鏡の向こう』の執筆時で五八歳、『最大の贈り物』では六二歳でしたから、ふつうの感覚でしょう。しかし実際には、ナウエンはそのわずか数年後に心臓発作で亡くなりました。六四歳でした。『放蕩息子の帰郷』の映画化のために、オランダからロシアに向かう準備をしている最中のことだったそうです。『最大の贈り物』の冒頭で、もうすぐ九〇歳になる父親を気遣う記述がありますが、当然自分よりも先に召されるだろうと思っていた父親よりも、ナウエンのほうが一足先に召されたのです。

死とは年齢順に訪れるものではありません。主の兄弟ヤコブは、私たちには明日のいのちのことは分からないと言いました（ヤコブ4・14）。確かなことは、だれしもいずれは死を迎えるという事実です。そうであれば、「良く死ぬ」ことについて考えるとは、年齢や置かれている状況にかかわらず、私たちすべての課題でしょう。

死と親しむ

ナウエンは交通事故で瀕死の重傷を負ったことをきっかけに、「死と親しむ」ことについて考え始めました。死と親しむというと、なにか恐ろしい不謹慎なことのように聞こえるかもしれませんが、ナウエンにとっての「死と親しむ」とは、死を夢想したり、自分の人生に自ら終止符を打とうとしたり、あるいは死を自らコントロールしようとすることではありません。死ぬことも自分のいのちの一部であるという自覚のもとに生きることです。ナウエンはそれを、「死ぬことを生きることと同じくらい自分自身のものにする」（10ページ）と表現しました。

一般的に死とは私たちの意志に反して降りかかってくるものであり、そのタイミングも形も、私たちが事前に計画することはできません。にもかかわらず、ナウエンはそれを避けられない運命としてではなく、「人間のなすどの行為よりも人間的な行為」（12ページ）として迎えることが可能ではないかと考えたのです。

人間としての連帯感

良く死ぬことについて考えるにあたり、ナウエンは私たちが神の子どもであること、互いに兄弟姉妹であること、そして未来の世代の親になることという三つの観点から考察します。注目すべきは、ナウエンにとって「良く死ぬ」とは自分だけの命や死に様にかかわることではなく、人々との連帯のうちにあることです。人はひとりで生きるものではなく、いつでも他者との関わりの中に置かれています。そして死とは、その関わりから切り離されることではなく、むしろ人と人とを結びつけるものだとナウエンは考えます。

ナウエンが「私たちは神の子ども」と言うとき、それは神との関係性だけを指すのではなく、子どもが本来持つ特質、すなわち依存性を私たちも持つようになることを意味します。病であれ、事故であれ、加齢であれ、死に瀕する状況にある人はしばしば無力で、自分を世話してくれる人に依存しなくてはなりません。大人にとってそれは時には屈辱のように感じることもあるでしょう。しかしナウエンは、「人間の依存性というものはみな、人間が神に依存していることのうちに深く根ざして」（28ページ）おり、「神への依存は自由へとつながる」（29ページ）と語ります。神に愛されている神の子どもとしてのアイデンティティーに根ざし、生まれる前も死んだあとも自分は神のものであると知るなら、私たちはもはや何も恐れる必要がありません。たとえ死と向き合うときでも、信頼と平安のうちに留まることができます。

そしてナウエンが「私たちは互いに兄弟姉妹」と言うとき、それはクリスチャンだけを含むのではなく、すべての人間、人類全体を含みます。誕生と死は、生きている場所も時代も人種も超えてすべての人間に共通するものです。その根源的な共通点の上に立つなら、生き方や死に方における違いはもはや私たちを区別するものではなくなり、人間の死すべき運命もむしろ私たちの交わりの感覚を深めてくれるとナウエンは語ります。「この人類家族全体との交わり、互いに依存しあっているという深い感覚は死の棘を取り去り、それぞれの生きてきた軌跡の限界を超えたはるか彼方に私たちを指し向けます」（39ページ）。

使徒信条には「われは聖徒の交わりを信ず」という一文がありますが、ナウエンの言葉は聖徒の交わりが同じ教会の仲間たちや、同時代のクリスチャンとの交わりだけを指すのではないことを思い出させてくれます。そこには私たちの先を生きた先達たちや、これから生まれてくる次世代との交わりも含まれます。死が私たちを交わりから切り離すものであれば、聖徒の交わりとは非常に限定的なものになってしまうでしょう。しかし私たちが信じると告白する聖徒の交わりは、もっとずっと広く深いものであるはずです。私たちの命は、過去、現在、未来、そして自分のすぐ身近から地球の反対側まで、この壮大な神の家族とのつながりの中に置かれていると気づくなら、死を恐れるよりむしろ互いに愛し合うことに、私たちの目は向かうのではないでしょうか。

次の世代の親になる

聖書は死が実りをもたらすものであることを語っています（ヨハネ12・24）。イエスは天に昇られるとき、「わたしが去って行くのは、あなたがたのためになる」（ヨハネ16・7）と言われました。イエスが天に昇ることにより、助け主なる聖霊が私たちに与えられるからです。ナウエンは、私たちの死もまた、私たちが残していく人々に神の霊をもたらすと言います。聖霊によって生かされていた人の人生は、死してもなお次世代の人々の命の中で多くの実を結び続けることになると言うのです。

「私たちは死ぬことによって、やがて来る世代の親となります。神とともに生きた多くの人々には、まさにこれが当てはまります。その人々は、自分の弱さを通して神の恵みを示してくれました。（中略）これらの人々の生と死は、今なお私たちの人生の中で実を結び続けています。この人々の喜び、希望、勇気、確信、信仰は、この人々とともに死んだのではなく、私たちの心の中で、また、私たちと愛で結ばれた多くの人の心の中で、花を咲かせ続けます。この人たちは確かに、私たちにイエスの霊を送り続け、私たちが歩き始めた自分の旅路において誠実であるように、力を与えてくれるのです」（102―103ページ）。

さらにナウエンは、自分の死に方は後に残す人々の心に大きな影響を与えうると考えました。愛や感謝や赦しの中で死ぬことができるなら、後に残す人にまことの霊的自由と解放を与え、怒りや苦々しい思いを持って死ぬのであれば、家族や友人を罪意識と恥の中に置き去りにすることになると悟ったのです。自分を傷つけた人を、怒りや罪悪感の内につなぎ留めたいという強い誘惑に駆られることもあったと、ナウエンは正直に告白します。しかしキリストにある新しい命につながって、キリストの愛に従うなら彼らを解放できる、という気づきがナウエン自身をそのような怒りから自由にしたようです。そしてキリストにおいて死ぬことは、後に残す人々への最大の贈り物になるという確信を持つに至ります。

死を迎える人をケアする

とはいえ、死そのものが人間の友であるとか、甘く感傷的な出来事であるという意味ではありません。「(死とは) 自分の命を完全に引き渡す大きな闘い」(66ページ) であるとナウエンは認めます。そしてこの闘いはひとりで闘える簡単なものではありません。ナウエンは死を迎えようとしている人をケアすることについても語ります。死に向かう人は、自分が取り残され、拒絶され、見捨てられるかのような恐れや不安を覚えるでしょう。後に残される側も、やがて来る別れを考えるだけで苦痛を覚え、その苦痛から逃れるために死に瀕している人から距離を取りたくなるかもしれません。自分には相手を支えるためにできることが何もないと、無力感や絶望に襲われるかもしれません。しかしナウエンは、私たちは皆ケアの賜物を持っており、自分の死すべき運命だけでなく他の人々の死すべき運命をも受け入れるなら、希望の癒しの真の源となれると言います。

では、死にゆく人をケアするとはどういうことでしょうか。それは、人が「この究極の闘いのさなかにいるときに、その人とともにいること」（68ページ）であり、「その人が自分の最も深い召命――その人本来の姿、すなわち神の娘、神の息子にいっそう近づくこと――を完全に果たせるように手助けすること」（66ページ）であり、「次第に増していく弱さの中で神の力が見えるものとなるように、その人たちを助ける」（98ページ）ことです。イエスが鞭打たれ、十字架を負わされ、十字架上で息を引き取ったとき、母マリアと弟子のヨハネはイエスを見守り続けました。彼女たちにはこのプロセスを止めることはできませんでしたが、死にゆくイエスから目をそらすことをせず、見守り続けました。マリアたちの存在は、十字架の上で御父にさえも見捨てられたように感じたイエスにとって、どれほど慰めと支えになったことでしょう。彼女たちの存在は、イエスがその深い苦悩の中にあっても、自分が何者であるかを忘れずにいる助けになったに違いありません。

実はこれらのことは、私自身も体験したことでした。私の次女は二一歳の時にがんで亡くなったのですが、ナウエンも言うように、ケアとは決して一人でできるものではありません。ホスピスナースや友人たちからの支援を得つつ、娘の最期の三週間を自宅でケアしました。闘病中、特に自宅での三週間、娘が何よりも私たちに求めたのは、物理的にも感情的にも彼女に寄り添うことでした。娘は体が弱っていく中でも、「日増しに幸せが増していく」と見舞客に語っていました。娘は人種差別問題に関心を持っており、病床からもニュースを追い、自分の考えをソーシャルメディアに投稿することもありました。私は、末期がんの診断を受けているのに人のことなど心配している場合ではないだろうと思ったものでしたが、ナウエンが本書で語るように、彼女はそうやって自分がこの世界の一部であることを確認していたのかもしれません。

病に伏す娘をケアすることは、私たちから彼女への贈り物でしたが、同時に彼女から私たちへの聖なる贈り物でもありました。そこで私が経験した娘との深いつながり、そして共に仰いだ御父の愛の眼差しは、今なお私の支えであり、生きる力となっています。ナウエンの言う、自分や他者の「死すべき運命を受け入れる」とは、決して命を諦めることではないと思います。むしろ、命を神の御手の中に預け、神を中心とした連帯の中に共に入っていくことではないでしょうか。それこそ、私が娘をケアする中で体験したことでした。

復活

ナウエンは良く死ぬことについての黙想を、復活の恵みを語ることによって閉じます。

「良く死ぬ」ことを、なぜ自分のいのちの一部に含めることができるのでしょうか。それは、イエスが復活して死に打ち勝ったからです。そして私たちにも復活が約束されているからです。復活は、神に属するものが何ひとつ無駄にはならないことを示す神の方法だとナウエンは言います。復活は死についての私たちの疑問を解消してはくれませんし、私たちはいずれ死ぬという現実も変わりません。しかしイエスに信頼を置く者にとって、死はすでに打ち負かされた敵であり、そのとげはすでに抜かれているのです。

私たちが「良く死ぬ」ことを考えるのは、死への恐怖を緩和させるためではありません。神の国が完成するまでの間、世代から世代へとキリストのいのちをこの地につなげ、御霊の実でこの地を溢れさせるという私たちの使命を生き抜くことになるからです。本書は、「死ぬことを生きることと同じくらい自分のものにする」とはどういうことなのか、思いを巡らせてみるよう読者を招きます。皆様も、ナウエンの導きのもとでぜひ考えてみていただけたらと思います。

（シカゴ在住、伝道者聖ヨハネエピスコパル教会会員）

二〇二一年八月

廣戸直江（ひろど・なおえ）
1930年オーストラリアのシドニー生まれ。聖心女子大学英文学科卒業。フィリピン国立大学院教育学部卒業。聖心会入会後、英語と宗教を聖心女子学院、聖心女子大学で教えるかたわら、同時通訳（宗教関係）とNGO活動に参加している。

土肥研一（どい・けんいち）
日本キリスト教団出版局教務教師、日本基督教団目白町教会兼務主任担任教師。

解説
中村佐知（なかむら・さち）
1963年徳島県生まれ。国際基督教大学在学中に交換留学生として渡米。プリンストン大学心理学科博士課程修了。哲学博士。翻訳家。シカゴ在住。科学者の夫との間に三女一男を授かる。次女が21歳のときに末期ガン宣告を受ける。著書に、次女との闘病生活を綴った『隣に座って――スキルス胃がんと闘った娘との11か月』（いのちのことば社）など。

ナウエン・セレクション
死を友として生きる

2021年10月15日　初版発行
2022年8月5日　再版発行

訳　者　廣戸直江
　　　　土肥研一
解　説　中村佐知
発　行　日本キリスト教団出版局
169-0051　東京都新宿区西早稲田2丁目3の18
電話・営業03(3204)0422、編集03(3204)0424
https://bp-uccj.jp
印刷・製本　モリモト印刷

ISBN978-4-8184-1095-4 C0016　日キ販
Printed in Japan